Manuel d'écologie urbaine

Guillaume Jan, journaliste et écrivain, travaille depuis quinze ans sur les questions relatives à la place de l'homme dans son environnement.

Eudoxie Jantet, écrivaine et géographe, a commencé sa carrière en Guyane avant de venir à Paris collaborer avec Yolaine de la Bigne, chroniqueuse environnement sur Europe 1.

Céline Vautard, journaliste et auteur, travaille dans la presse professionnelle textile et mode. Elle a fondé le site éco-lifestyle Doukyo.com.

Ouvrage édité par Emmanuel Lemieux.

10, rue d'Uzès 75002 Paris
www.bourin-editeur.fr

Guillaume Jan | Eudoxie Jantet | Céline Vautard

MANUEL D'ÉCOLOGIE URBAINE

Peut-on vivre 100 % écolo en ville ?

FRANÇOIS BOURIN ÉDITEUR

SOMMAIRE

Introduction

Légitime résistance

Comme tout le monde, je n'ai pas envie d'épuiser notre planète. J'essaie même de la préserver, naïvement. Je circule à vélo ou en transports en commun, je n'achète pas d'aliments transformés et je ne mange presque plus de viande. Je jette mes papiers dans la poubelle jaune et mes bouteilles en verre dans la poubelle blanche. Chez moi, à Paris, je n'ai pas investi dans des travaux d'isolation, mais je fais attention à ne pas abuser du chauffage en hiver. Je voyage régulièrement en covoiturage. Mais, je l'avoue, il m'arrive parfois de prendre l'avion pour aller voir ailleurs si j'y suis.

Sans être un zélote de l'écologie, je pensais avoir adopté un comportement plutôt vertueux pour l'environnement. Pourtant, si mon mode de vie occidental était appliqué de manière identique à l´ensemble de la population mondiale, notre planète serait deux fois trop petite. Il faudrait deux Terres pour supporter nos activités et notre consommation.

Avant de commencer la rédaction de ce manuel d'écologie en milieu urbain, j'ai mesuré mon empreinte écologique, c'est-à-dire la marque que je laisse sur la planète, la pression que j'exerce sur la nature. Le site coachcarbone.com, élaboré par l'Ademe (Agence de l'environnement et de la maîtrise de l'énergie) et la Fondation pour la nature et l'homme, offre la possibilité de calculer assez précisément ses dépenses en CO_2. Alors que la moyenne nationale se situe entre 12 et 16 tonnes de carbone par an[1], je suis arrivé à moins de 6 tonnes sur les douze derniers mois, ce qui m'a d'abord permis de bomber le torse. Puis, en regardant le détail de mes résultats, j'ai vu les points que je pouvais aisément améliorer. J'ai réalisé que le chauffage de mon appartement était mon premier poste de dépenses énergétiques, alors que je veille à ce qu'il ne fasse pas plus de 19 °C – bon, 20 °C à la rigueur, il faudrait que je pense à acheter un thermomètre. Viennent ensuite mes destinations de vacances, quelques choix alimentaires exotiques, mon ordinateur qui reste trop souvent allumé...

1. L'Ademe l'évalue à 15,9 tonnes par an, le ministère de l'Écologie, du Développement durable et de l'Énergie à 12,2 tonnes (« Chiffres clés de l'environnement », septembre 2012).

Nous sommes sept milliards de Terriens. Nous serons huit milliards en 2020. En 1789, nous n'étions même pas un milliard. Partout, c'est dans les villes que la population augmente, du fait de l'exode rural qui s'est généralisé au XXe siècle. En France, le recensement de 2010 fait état de 65 millions d'habitants, dont les trois quarts vivent en ville. Toujours en France, l'espace urbain a progressé de 20 % entre 2000 et 2010. Chaque année, 100 000 hectares de prairies et de champs disparaissent. Tous les six ans, c'est l'équivalent d'un département qui se couvre de rocades, de parkings, de voies ferrées, d'aéroports et de pavillons. Enfin, les standards de consommation sont de plus en plus énergétivores : pour ne donner qu'un exemple, notre consommation d'électricité a doublé depuis 1973, principalement à cause de la mise sur le marché de nouveaux produits électriques (smartphones, ordinateurs, chauffage électrique, écrans plats, etc.).

Coupés de la nature, les urbains sont pourtant de plus en plus nombreux à s'intéresser à l'écologie, même s'ils sont encore rares à en tirer les conséquences dans leurs choix quotidiens. Ainsi, 77 % des Français sont disposés à acheter des produits moins nocifs pour l'environnement, mais seulement 19 % d'entre eux le font. L'objectif de ce manuel est de vous aider à comprendre pourquoi et comment orienter votre comportement de manière à avoir un moindre impact écologique. Nous savons déjà que le climat se dérègle du fait de la hausse *artificielle* du gaz carbonique dans l'atmosphère, que la banquise arctique est en train de fondre ou que les forêts tropicales disparaissent. On se doute que l'homme a une part de responsabilité dans ces bouleversements et qu'il nous appartient de changer ce cours des choses. Mais par quel bout commencer ? Et qui connaît vraiment l'empreinte carbone associée à chaque produit que nous consommons ? Sait-on qu'il est moins écolo de porter des sous-vêtements noirs plutôt que des sous-vêtements blancs ? Combien d'entre nous ont pris conscience que le secteur de l'élevage industriel était la première cause du réchauffement planétaire ?

Nous sommes plus nombreux, nous consommons trop, nos activités hypothèquent l'avenir de nos enfants. Nous le savons tous même si, parfois, nous préférerions ne pas savoir et ne rien changer à l'écrin de confort qui enrobe nos vies de velours. Nous voudrions faire comme si le monde était infini, encore un moment, au moins jusqu'à nos vacances en Australie ou jusqu'à ce qu'on ait acheté le nouvel iPhone. Or la somme de nos désirs individuels est en train d'épuiser la planète : en 2011, il aura fallu seulement 270 jours pour consommer les ressources annuelles de la Terre. La croissance exponentielle qui faisait rêver au XXe siècle se révèle impossible à tenir sur une planète aux ressources limitées.

Il est temps de changer les règles. C'est la prochaine étape, celle qui nous attend dans les années à venir. « La solution à ce problème est simple dans le principe, mais suppose un changement radical », écrit le journaliste Hervé Kempf dans son dernier ouvrage *Fin de l'Occident, naissance du monde*[2]. Comment faire pour déconstruire le modèle dominant de notre modernité ? Comment agir pour resserrer nos liens avec la nature ? Cela passe certainement par des orientations politiques : le choix de maintenir ou non le nucléaire, la tarification progressive de la consommation énergétique, l'étiquetage vert pour mieux informer les consommateurs, la taxation des activités polluantes, le maintien d'une gestion collective des services publics. Mais l'action publique ne suffira pas. D'une part, elle ne sera efficace que si elle émane d'un désir profond des citoyens, d'une détermination forte. D'autre part, pour être vraiment efficaces, ces propositions alternatives doivent se pratiquer au quotidien par le plus grand nombre. Si l'État encourage l'agriculture biologique, mais que les consommateurs continuent d'acheter des œufs de batterie *discount*, du cochon industriel sous cellophane ou des tomates en hiver, le résultat sera nul.

L'objectif de ce guide, c'est de vous montrer que ces nouvelles règles qui vont peu à peu (mais irrémédiablement) s'imposer ne sont pas si contraignantes.

---

2. Seuil, 2013.

Être attentif à notre entourage, prendre soin de notre environnement, le comprendre, choyer le temps présent et ménager le futur, tout ça ne doit pas être perçu comme une perte, mais plutôt comme un gain. Reste à savoir si nous sommes prêts à nous engager dans cette nouvelle société, plus sobre et plus solidaire.

En rédigeant ces pages avec les journalistes Eudoxie Jantet (qui a enquêté sur le logement, le travail, les loisirs et l'économie) et Céline Vautard (qui a travaillé sur la santé et les vêtements), nous n'avons pas souhaité vous lister une série de conseils un peu tièdes comme on en lit partout, même sur les pages « développement durable » des sites des entreprises les plus polluantes. Nous avons préféré vous faire partager une philosophie de l'écologie urbaine, vous faire connaître l'envers du décor pour vous aider à prendre de la hauteur et à mieux jauger les conséquences de votre consommation[3]. Nous pouvons facilement connaître la céréale la plus bio, le magasin le plus écolo – même les smartphones ont des applications qui délivrent ces informations. Il est temps maintenant d'apprendre à retisser concrètement notre lien avec la nature, de mettre de l'émotion et de la sagesse dans notre intelligence

3. C'est également ce que propose le site www.sourcemap.com, qui donne des informations sur les produits que l'on consomme, de quoi ils sont faits et quel est leur impact sur l'environnement.

écologique. Car si nous avons déjà la connaissance de la solution, nous n'avons sans doute pas encore le recul nécessaire pour la mettre en œuvre. « Il faut que notre conscience arrive à rattraper notre animalité », dit autrement l'explorateur Jean-Louis Étienne[4].

Et si cette sagesse passait par des actes de légitime résistance ? Et si nos choix de vie refusaient calmement, tranquillement, ce modèle de société rongé jusqu'à l'os par la consommation ? Et si « le cheminement patient vers une harmonie avec la nature, les autres et soi-même[5] » devenait le moyen le plus efficace de dire non aux impasses du modèle marchand qui nous domine encore ? Et si être rebelle au début du XXIe siècle, c'était prendre le temps de marcher au bord des rivières plutôt que de rouler en trombe à bord de la nouvelle voiture à la mode ? Une poignée de mouvements slow est déjà en train de s'épanouir, la slowfood, le slowear, les cittaslow. Et voyez le formidable essaim que constitue l'économie sociale et solidaire ! Consciente de tous ces nouveaux enjeux, cette économie alternative sort de sa ruche pour butiner notre quotidien : entreprises coopératives en autogestion, villes en transition, Amap, Lets (Local exchange trading system) et Sel

4. Dans l'émission « CO2 mon amour », diffusée sur France Inter le 10 décembre 2011.
5. Jean Cornil et Bernard Legros, *La Pertinence de l'escargot*, éditions Sang de la Terre, Paris, 2013.

(Système d'échanges locaux), banques de temps, régies de quartier, crèches parentales, banques éthiques, monnaies locales, jardins solidaires, éco-quartiers... Toutes ces initiatives découlent de cette volonté nouvelle exprimée individuellement ou collectivement pour changer nos modes de vie et le sens de nos existences. Pour sortir de la servitude volontaire où nous nous étions peut-être aveuglément fourvoyés.

Ce manuel a l'ambition de vous aider à vous réapproprier l'espace public que constitue la ville. Il vous guide, il vous propose une orientation. Il vous dit : les cartes sont entre les mains de chacun d'entre vous, maintenant, pas dans celles d'une quelconque providence.

Guillaume Jan,
Paris, avril 2013

1

SE NOURRIR

N'est-ce pas surtout dans les villes que l'on cherche à consommer des légumes bio et des fruits sans pesticides ? Plus vite qu'à la campagne, le marché de l'alimentation 100 % naturelle s'est (ré)installé dans les centres urbains au cours des dix dernières années. Peut-être parce que nous y subissons l'air saturé de CO_2, le bruit de la circulation automobile, l'éclairage blafard du métro ou des grandes surfaces. Peut-être également parce qu'on y a davantage délaissé le goût et l'habitude de la cuisine du terroir, et qu'on cherche à les retrouver ?

Cuisiner à partir de produits frais et locaux, c'est déjà s'engager activement dans la voie de l'alimentation « responsable ». Si, en plus, on privilégie les fruits et légumes cultivés en agriculture biologique ou en permaculture et que l'on bannit définitivement la viande industrielle de son assiette, on pourra jouer aux Gargantua sans scrupule. Même si, nous le verrons, il est toujours possible de mieux faire.

La part des produits de l'industrie alimentaire représente plus de 80 % du budget des ménages français. Les produits transformés à base de viande, de poisson et de légumes ont plus que doublé depuis 1960, avec la diffusion des réfrigérateurs puis le développement de la grande distribution et de l'industrie des surgelés. Ces produits transformés atteignent presque la moitié des aliments consommés aujourd'hui. Ainsi, les légumes frais et les féculents ont été en partie remplacés par les produits préparés (soupes, sauces en boîte, plats cuisinés, chips...) qui contiennent souvent une multitude d'éléments chimiques (arômes, colorants, conservateurs, émulsifiants, épaississants, texturants, exhausteurs de goût, édulcorants, stabilisants). Les agriculteurs français se sont quasi intégralement convertis à la chimie des produits phytosanitaires prônés par l'agro-industrie : avec près de 65 000 tonnes d'intrants et de pesticides versés chaque année sur les cultures, la France se situe au troisième rang mondial des utilisateurs de ces produits. Au cours des cinquante dernières années, notre consommation de viande a doublé et plus de 80 % des animaux destinés à notre assiette sont désormais élevés de manière intensive, dans des espaces confinés, avec adjonction de médicaments, d'anabolisants, d'hormones de croissance, d'antibiotiques et de neuroleptiques.

Il est temps de retrouver un rapport plus amoureux, en tout cas plus attentif, avec la nourriture que l'on consomme.

MANGER ÉCOLO, C'EST SIMPLE

Bien qu'elle soit en nette progression depuis quinze ans, l'agriculture biologique ne représente qu'une part infime de la production nationale : seulement 4 % de la surface agricole nationale était conduite en agriculture biologique en 2012.Pourtant, les scandales réguliers liés à l'agriculture industrielle, tels que celui de la traçabilité des viandes utilisées dans les plats préparés, la pollution des rivières et du littoral breton, les épidémies qui prennent leur origine dans les élevages industriels ou l'effondrement des colonies d'abeilles devraient inciter les pouvoirs publics à renouer avec une agriculture plus respectueuse de la nature. C'est ce que réclament depuis longtemps les ONG environnementales et les associations de défense des consommateurs : favoriser le commerce de proximité, encourager les circuits courts, donner la priorité à l'agriculture biologique et aux produits de terroir, réduire les pesticides et la nourriture bourrée de chimie pour les animaux, réserver les espaces périurbains à l'agriculture maraîchère... Seulement, les industries de l'agroalimentaire forment un lobby si puissant qu'on ne peut guère compter sur la classe politique, de droite comme de gauche, pour protéger la population de leurs méfaits. Dans ce combat pour

Agriculture biologique, agriculture biodynamique et permaculture : trois manières de produire une alimentation saine et durable

L'**agriculture biologique** vise à préserver la qualité des sols, la diversité des plantes et le bien-être des animaux. Elle n'utilise pas d'intrants chimiques pour ses cultures. Deux méthodes instaurées au milieu du XXe siècle proposent d'aller plus loin dans le respect de la nature : l'**agriculture biodynamique** prend en considération les rythmes lunaires et planétaires ; elle fait de la ferme un organisme vivant, qui doit être le plus diversifié et le plus autonome possible. Et la **permaculture** souhaite intégrer encore plus harmonieusement les activités humaines au sein des écosystèmes (sans labours, sans pesticides, sans désherbage). L'éthique de la permaculture propose de prendre soin de la nature (les sols, les forêts et l'eau) et de l'humain (soi-même, la communauté et les générations futures), tout en partageant équitablement les produits cultivés.

une nouvelle révolution agricole, les citoyens ont un rôle majeur à jouer. Pour des raisons environnementales, pour des raisons sanitaires, mais également pour des raisons éthiques.

Car la démarche d'une alimentation responsable prend tout son sens quand on n'y souscrit pas uniquement pour préserver sa santé ou son bien-être personnel. En tout cas, manger des légumes et des fruits ne devrait pas être qu'un acte de consommation « égoïste » choisi pour épargner notre propre corps des produits toxiques de l'agriculture industrielle. Cela compte, bien sûr. Mais ce n'est pas tout. La consommation des produits cultivés de manière naturelle et dans un rayon proche est aussi une excellente manière de préserver notre planète. Depuis la forêt équatoriale (à l'échelle mondiale, l'élevage bovin est responsable de 80 % de la destruction de la forêt amazonienne, puisque d'immenses zones boisées sont rasées tous les ans pour cultiver le soja qui sera ensuite exporté pour servir de fourrage au bétail du monde entier) jusqu'à la qualité de l'air (le méthane produit par les pets et les rots des vaches est responsable d'au moins 18 % des émissions de gaz à effet de serre dans le monde et participe donc au réchauffement climatique).

Nous mangeons deux ou trois fois par jour, quatre si on compte le goûter des enfants après l'école. En France, cela constitue 210 millions de repas chaque jour. Un marché quotidien de plus de 900 millions d'euros. Autant dire que nos choix peuvent peser lourd, très lourd, sur le contenu des étals et l'orientation des politiques agricoles. **Le pouvoir du consommateur** serait-il potentiellement plus fort et finalement plus efficace que le droit de vote ? On n'ose même pas imaginer la pagaille que cela entraînerait si tous les ménages décidaient le même jour de bannir définitivement de leur alimentation les yaourts aux arômes de synthèse pour les remplacer par des fruits cultivés en agriculture biologique – un sale coup pour l'industrie du dessert lacté. Certes, pendant quelques années, l'offre de fruits bio ne serait pas suffisante. Mais ne finira-t-elle pas par s'adapter, comme les agriculteurs ont bien dû s'adapter aux produits phytosanitaires que les géants de l'agroalimentaire leur ont imposés après la Seconde Guerre mondiale ? Après tout, ne serait-il pas légitime que la population exige de consommer sainement ? Est-ce si subversif de refuser de manger des aliments qui nuisent à notre santé ?

L'évolution est d'ailleurs lancée : en 2012, près d'un Français sur deux a consommé bio au moins une fois par mois et 8 % disent avoir consommé bio tous les jours. Déjà un enfant sur trois s'est vu servir un repas bio à la cantine en 2009 (contre un sur quatre en 2008). Ce qui entraîne mécaniquement une hausse des conversions en bio chez les agriculteurs et les éleveurs, à partir du moment où ils sont assurés d'avoir un revenu stable. L'offre s'adapte à la demande. Ainsi, fin 2012, plus de 24 000 exploitations agricoles étaient engagées en agriculture biologique. Deux fois plus qu'en 2007.

Et si les personnes objectant que manger bio coûte trop cher acceptaient de consommer un peu moins de viande, beaucoup d'entre elles maintiendraient le même budget alimentation tout en mangeant mieux, plus sainement. Ainsi, manger écolo s'avère souvent bien plus facile qu'on le croit. Petit guide du consom'acteur en quatre propositions.

Une mauvaise habitude à proscrire : manger des fraises en hiver.
D'abord parce qu'elles n'ont pas de goût et qu'elles coûtent plus cher. Ensuite parce qu'elles sont cultivées « artificiellement », loin de chez nous, ce qui implique des distances de transport plus importantes. C'est valable pour tous les fruits et légumes, qui doivent être le plus possible « de saison ».

RETROUVER UN RAPPORT AMOUREUX AVEC LA NOURRITURE

Grâce à de spectaculaires campagnes de publicité à partir des années 1960, l'alimentation industrielle a modifié notre rapport avec les aliments qui nous nourrissent. Et le rythme urbain, plus trépidant, a réduit le temps que nous pouvions accorder à la préparation de nos repas. Peu à peu, de nouvelles habitudes se sont installées - plus de produits pré-emballés et moins de produits frais travaillés en cuisine. Seulement un Français sur deux reconnaît cuisiner « fréquemment ». Les autres ont appris à se contenter d'une nourriture internationale standardisée, souvent de piètre qualité, trop riche en sel, en sucre et en graisses, sans saveur et souvent pauvre nutritionnellement. Ces bouleversements alimentaires récents ont des conséquences néfastes sur notre santé. Ils entraînent notamment une progression de l'obésité et du diabète : en France, près de 15 % des enfants de 3 à 17 ans sont en surpoids et 3,5 % sont obèses.

Quel est le menu idéal pour un écolo urbain ? La première règle à suivre serait de cuisiner, c'est-à-dire transformer à sa manière quelques produits frais - qu'il s'agisse juste de composer une salade avec des tomates, du fromage, des pâtes et de l'huile d'olive, que ça nous prenne huit minutes ou deux heures et quel que soit le plat que l'on prépare. Passer du temps aux fourneaux nous reconnecte avec la terre et les aliments que l'on consomme.

Vous pourrez afficher sur votre réfrigérateur la liste des fruits et légumes de saison (que l'on trouve partout, dans les livres de cuisine, sur Internet ou chez votre vendeur de primeurs), mettre au point quelques recettes pour chaque saison, que vous adapterez en fonction de votre humeur et des ingrédients que vous aurez sous la main. Reprendre sa cuisine en main aide également à mieux gérer ses courses : la moitié des aliments de l'Union européenne sont gaspillés chaque année, dont 42 % par les particuliers. Certes, les foyers français ne sont pas les pires : ils génèrent 20 % de gâchis, correspondant à environ 20 kg de nourriture par an (dont 7 kg de produits encore sous emballage), ce qui induit tout de même une dépense inutile de 400 à 500 euros par an. En octobre 2012, le ministère de l'Agriculture a lancé un plan de lutte contre le gaspillage alimentaire. La même année les premières Disco Soupes étaient organisées dans les grandes villes de France. Le principe : sensibiliser au gâchis de manière conviviale, en organisant des soupes géantes cuisinées avec des légumes destinés à être jetés, le tout en musique. Lille, Amiens, Vannes, Rennes, Paris, Strasbourg, Lyon, Grenoble, Nantes, Bordeaux, Toulouse, Marseille ont déjà expérimenté l'opération, qui continue d'avoir un beau succès.

Ces initiatives s'inscrivent, de près ou de loin, dans la philosophie du mouvement Slow Food, créé en opposition aux fast-foods et à la malbouffe, pour promouvoir la sauvegarde de la diversité alimentaire et la nourriture naturelle et biologique.

MANGER BIO

Manger bio, c'est plus facile à dire qu'à faire, dans un pays où l'alimentation est devenue une très grosse industrie ? Certes, on ne sait jamais trop par où commencer, ni combien cela va nous coûter. Et puis, s'il s'agit de protéger la planète, on peut légitimement penser que nos actions individuelles sont inutiles, qu'elles n'auront aucune incidence. Voyons ce qu'il en est.

D'abord, il n'est pas question de *s'acharner* à manger bio. Il s'agit plutôt d'une prise de conscience qui survient (ou pas) quand on se pose des questions sur l'origine des produits que l'on ingère et sur les conséquences que cela entraîne sur notre santé et sur notre environnement.

Il y a de grandes chances pour que les fruits et légumes que nous consommons, s'ils sont cultivés en agriculture conventionnelle, aient des traces de **pesticides**. Or ces substances chimiques peuvent être toxiques pour l'homme, à plus ou moins long terme. Elles ont des effets sur le système nerveux et sur le système hormonal, certaines sont reconnues cancérigènes et d'autres provoquent des irritations de la peau, des yeux et des poumons. En France, de nombreuses études montrent que la moitié de nos fruits et légumes contiennent des résidus

Les labels bio

- Le label européen

Depuis juillet 2010, les produits issus de l'agriculture biologique doivent porter ce label, qui garantit des cultures sans pesticides chimiques et sans traitements chimiques après récolte. Pour la viande, les animaux sont nourris avec une alimentation cultivée sans pesticides chimiques, sans OGM (moins de 0,9 %) et majoritairement composée de céréales (mais cette alimentation n'est pas forcément produite sur l'exploitation). Le label n'autorise qu'un recours limité aux traitements vétérinaires et aux médicaments et le bien-être des animaux est garanti par un espace minimal et un accès au plein air. Ce nouveau règlement autorise la mixité, autrement dit une même exploitation peut produire du bio et du non-bio.

- Bio Cohérence

Certains acteurs de la filière bio française ont souhaité créer un label plus exigeant que la réglementation européenne. Il interdit notamment la coexistence bio/non-bio : toutes les activités de la ferme doivent être soit bio soit en conversion vers le bio. Au moins 50 % des aliments pour les animaux doivent être produits sur la ferme, 80 % pour les herbivores, et aucune trace d'OGM n'est permise. Les traitements vétérinaires autorisés sont plus restreints qu'avec le label européen.

- Agriculture Biologique (AB)
Créé en 1985 par le ministère de l'Agriculture français, le label AB est attribué aux producteurs qui en font la demande après certification par les organismes compétents (Ecocert, Agrocert...). Le cahier des charges est aujourd'hui le même que celui du label européen.
- Nature & Progrès
Le signe Nature & Progrès se veut plus exigeant en matière biologique que le règlement européen. Les produits peuvent afficher le logo européen ou non. Car Nature & Progrès critique l'aspect coûteux des certifications par des organismes extérieurs. Avec l'objectif de renforcer les liens des agriculteurs entre eux et avec les consommateurs, Nature & Progrès a donc mis en place un « système participatif de garantie » : les contrôles annuels sont effectués par un groupe de membres de l'association, qui sont soit des agriculteurs soit des consommateurs.
- Demeter et Biodyn
Les labels de l'association Demeter désignent respectivement les fermes converties à l'agriculture biodynamique et celles en conversion. Le cahier des charges de Demeter est plus exigeant que le label européen (utilisation des flux énergétiques du sol et des astres, limitation de la taille des exploitations, réutilisation maximale des déchets végétaux et animaux).

de pesticides, et même 10 % dans des proportions supérieures aux normes légales. Le céleri, le poivron ou encore les pêches figurent parmi les aliments les plus pollués. Mais aussi les pommes, les nectarines, les fraises, les cerises, les carottes ou les poires.

Selon l'Agence européenne de sécurité des aliments, 52 % des fruits et légumes analysés en France en 2009 contenaient des produits phytosanitaires de synthèse et 8 % dépassaient les limites maximales autorisées. Selon l'ONG Générations Futures, un consommateur est susceptible d'être exposé à 128 résidus chimiques, principalement des pesticides avec notamment 17 molécules chimiques cancérigènes et perturbateurs endocriniens (2010).

Quand on parle de manger bio, cela inclut également de boire bio. Prenons le vin, notre boisson nationale. Les surfaces viticoles font une utilisation intensive de produits phytosanitaires : la viticulture, qui représente 3 % des surfaces cultivées en France, consomme 20 % de l'ensemble des pesticides. En moyenne, une vigne française reçoit près de 14 traitements annuels. Une étude, menée sur quarante échantillons de vin rouge millésime 2002 piochés au hasard par l'association Générations Futures en

2008, révèle que *toutes* les bouteilles (à l'exception de celles issues de l'agriculture biologique) contiennent des traces de quatre à dix pesticides différents. Des produits chimiques inscrits pour la plupart comme agent cancérigène ou perturbateur endocrinien par la Directive européenne sur les substances dangereuses. Le vin est contaminé par des résidus de pesticides à des doses cinq mille fois plus élevées que celles tolérées pour l'eau du robinet. Boire un verre de vin par jour n'est donc pas si bon pour la santé de la planète, à moins de boire du vin bio ou, en tout cas, cultivé sans pesticides.

Manger bio, c'est économiquement possible

Les produits bio sont réputés plus chers que les produits conventionnels. Les études de prix réalisées auprès de restaurants scolaires montrent en effet un surcoût de 10 à 20 %. Mais le prix des produits conventionnels ne prend pas en compte l'ensemble des coûts externes induits par leur méthode de production et en particulier la gestion des nuisances qu'ils entraînent (pollution de l'air et de l'eau, problèmes de santé, appauvrissement de la biodiversité, disparition des abeilles...) dont la réparation coûte de plus en plus cher à la collectivité. L'agriculture biologique, moins intensive par définition, nécessite plus de main-d'œuvre et entraîne des coûts de transformation, de conditionnement et de transport plus élevés du fait des faibles volumes concernés, auxquels s'ajoute le coût du contrôle et de la certification. Et elle profite bien moins des aides publiques que l'agriculture conventionnelle.

Faites un geste pour la planète : buvez l'eau du robinet

Boire l'eau du robinet est sans doute le geste le plus simple à accomplir pour protéger la planète. Réputée peu sûre, l'eau du robinet est pourtant très bonne à consommer sur la majeure partie du territoire français et elle est bien mieux contrôlée que les eaux en bouteilles. Économique (l'eau de ville revient à moins de 2 euros par an et par personne alors que l'eau de source coûte 140 euros par an et l'eau minérale 280 euros), pratique (pas de packs de bouteilles à transporter et à stocker), elle est résolument écologique : livrée directement, sans emballage plastique, elle ne nécessite aucun transport routier et permet d'économiser 10 kg de déchets par an et par personne. Elle n'a pas besoin de carafes filtrantes (qui s'avèrent souvent inutiles). Pour ôter l'odeur de chlore que l'on trouve dans certaines villes, on pourra plus astucieusement remplir une carafe d'eau et la laisser une nuit au frigo. Tout ça ne vous empêche pas, bien sûr, de boire une eau de source ou une eau minérale de temps en temps !

Enfin, la diversité des cultures bio pourrait être le plus solide barrage aux éventuelles famines, comme le monde en connaît régulièrement. L'agriculture bio pourrait donc nourrir l'humanité plus sûrement et plus sainement que l'agriculture conventionnelle – qui n'y est, du reste, pas parvenue, puisqu'un milliard d'humains souffrent de sous-nutrition et un demi-milliard d'obésité.

En France, tout le monde pourrait manger bio ?

Certes, avec à peine 4 % de surfaces agricoles converties à l'agriculture naturelle, tous les Français ne pourraient pas manger bio et local en 2013. Il faudrait donc une forte augmentation des passages du modèle conventionnel vers l'agriculture biologique pour y arriver. D'après une étude publiée dans la revue *Nature* en 2012, les rendements risqueraient de devenir inférieurs de 25 % environ à ceux de l'agriculture intensive. Mais seulement pendant quelques années « d'adaptation ». Car une autre étude, menée sur des cultures de maïs et de soja en agriculture biologique et en agriculture conventionnelle, montre que les rendements sont équivalents sur une période de trente ans. Et les cultures en bio émettent moins de gaz à effet de serre, dépensent moins d'énergie et sont trois fois plus rentables financièrement pour les agriculteurs.

Ce qui est certain, c'est que la France pourrait nourrir sa population selon les principes de l'agriculture bio, comme elle l'avait toujours fait avant la Seconde Guerre mondiale, à condition que nous consommions moins de viande et plus de céréales et de légumes (c'est-à-dire en retrouvant le régime alimentaire plus frugal des générations qui nous ont précédées). À condition également que les pouvoirs publics cessent de privilégier l'agriculture conventionnelle.

Manger bio : est-ce toujours écolo ?

Nous pensons logiquement que manger bio est synonyme de manger écolo. Qu'un produit bio est plus écologique qu'un produit non bio. C'est souvent vrai, mais ce n'est pas systématique.

Manger bio, c'est se nourrir de produits qui ont été cultivés en absence d'engrais chimiques, de pesticides et autres produits phytosanitaires. Mais pour être en parfaite harmonie avec la volonté de réduire son empreinte écologique, il faudrait que ces produits n'aient pas parcouru des milliers de kilomètres avant de parvenir à notre assiette. L'empreinte carbone d'une laitue bio qui a voyagé 5 000 km est finalement moins bonne que celle d'une laitue cultivée de façon conventionnelle par un producteur local.

Les locavores

Selon l'Observatoire Cetelem, 57 % des Français se disent prêts à privilégier les commerces de proximité, comme les marchés ou les petits commerces de quartier. De plus en plus d'urbains réalisent que cette attitude encourage le développement de l'économie locale, en soutenant les agriculteurs des alentours et en créant des emplois, tout en sauvegardant la biodiversité régionale. Un nouveau terme est apparu dans la langue française à la fin des années 2000, inspiré du mot popularisé en 2005 par l'Américaine Jessica Prentice : le locavore. Cette « nouvelle » catégorie de consommateurs cherche à se nourrir de produits locaux uniquement, cultivés ou élevés dans un rayon de moins de 200 km si possible (voire moins de 160 km, l'équivalent de 100 miles américains). Les locavores mangent donc des produits frais et de saison. Ils n'ont pas inventé l'eau tiède : leur discipline est celle qu'a suivie l'humanité depuis ses origines, c'est celle que suivent tous les animaux de la planète, sauf les migrateurs... Mais si la discipline n'est pas nouvelle, elle est contraignante. Notre actuel système de distribution est construit sur l'offre pléthorique de tous les produits à tout moment de l'année, qu'importe leur goût (le plus souvent fade hors saison, les industriels rajoutent alors du sucre, du sel, de la graisse ou des exhausteurs de goût) et leur coût pour la planète (épuisement des sols, désorganisation des écosystèmes, émission de CO_2 pour les transports...).

En dix ans, la philosophie de l'agriculture bio a été souvent détournée pour s'inscrire dans le moule industriel, selon une logique de rentabilité à tout prix.

MANGER LOCAL ET RÉDUIRE SON EMPREINTE ÉCOLOGIQUE

La grande distribution reproduit dans le bio ce qu'elle fait dans le secteur conventionnel en encourageant les monocultures pour disposer de bassins de production spécifiques. Ainsi, la province d'Almería, en Andalousie, s'est spécialisée dans les légumes ratatouille (tomates, poivrons, courgettes, aubergines...) et la région de Huelva dans les fraises. Et si les tomates d'Andalousie sont jugées trop chères par les distributeurs, ils n'hésitent pas à descendre en chercher au Maroc, où le coût de la main-d'œuvre est encore moins élevé.

Pour l'écolo-urbain en herbe, il existe une manière efficace de marquer son opposition à l'agriculture bio déraisonnable : cesser d'aller faire ses courses au supermarché pour privilégier les petits commerces de proximité (qui résistent mieux dans les villes que dans les petits villages) ou les **AMAP**.

Les Associations pour le maintien d'une agriculture paysanne se développent depuis le début des années 2000 en France. Elles se mettent en place sur la base d'un partenariat de proximité entre un groupe de consommateurs et une ferme locale. Cette entente conventionnelle débouche sur un partage de récolte régulier (le plus souvent hebdomadaire) en échange d'une avance sur le prix des paniers distribués – c'est le même principe qu'un abonnement à un magazine. Il existe aujourd'hui entre 1 500 et 2 000 Amap, réparties sur le territoire national (plus de 150 par département). Choisir de participer à une Amap, outre l'assurance de la qualité de ce que l'on mange, c'est encourager le travail des petits producteurs et surtout privilégier l'agriculture de proximité et les circuits courts. C'est donc mettre en pratique la philosophie de l'agriculture bio.

Mis à part les AMAP, qui ne concernent que 200 000 Français pour l'instant, l'offre de produits locaux est limitée dans les commerces. Selon le journaliste Lionel Astruc, coauteur de *Manger local,* « la part de marché des circuits courts n'atteint aujourd'hui que 1 à 3 % du marché, alors que la demande pourrait couvrir 10 à 20 % ». En tant qu'habitant de la ville, vous pouvez très bien lancer votre Amap, en vous aidant de l'expérience d'une association voisine ou en sollicitant le Centre de ressources et d'essaimage des Amap. La demande est bien là,

Un an sans huile de palme

Au jeu des défis pour limiter son empreinte carbone, Adrien Gontier, thésard en géochimie à Strasbourg, a tenté de vivre une année sans consommer d'huile de palme, pour dénoncer la surproduction de ce composant alimentaire ou cosmétique dans les pays tropicaux. La superficie des plantations de palmiers à huile est passée de 120 000 hectares en 1968 à 5,5 millions d'hectares en 2004, pour répondre à la forte demande industrielle de cette matière grasse peu chère et facile à traiter. C'est surtout deux États, l'Indonésie et la Malaisie, qui sont affectés par ces spectaculaires monocultures destructrices des forêts vierges et des orangs-outans. Par ailleurs, l'huile de palme est l'huile végétale la plus utilisée au monde alors qu'elle contient des acides gras saturés qui favorisent le risque d'accident cardio-vasculaire. Pendant un an, Adrien Gontier s'est usé les yeux à lire les étiquettes à la recherche de ce corps gras utilisé soit pour pallier la médiocrité du produit de base (enrichir une préparation au chocolat, une pâte feuilletée...), soit comme composant dans un émulsifiant (qui stabilise une émulsion), soit sous forme d'autres dérivés (dans les shampoings, crèmes ou dentifrices, par exemple). Il n'a pas réussi à relever son défi entièrement, tant ce composant se dissimule partout ou presque. Même dans le carburant !

forte, puisque partout en France, les associations déjà existantes refusent de nouveaux candidats à l'adhésion, elles affichent complet. Reste à trouver le cultivateur qui accepte de jouer le jeu, notamment en diversifiant sa production afin de satisfaire les adhérents à chaque saison : il n'est pas toujours motivant de manger des pommes de terre et des poireaux tout l'hiver. « Dès qu'il n'y a plus de tomates, on perd 30 à 50 % de la clientèle », regrette Cédric Beaurain, président du Syndicat des producteurs en direct d'Île-de-France. « Les gens veulent manger sain, frais, mais sans effort. »

D'autres initiatives jaillissent de tous côtés, comme celle de **La Ruche qui dit oui**, association qui aide ses 70 000 membres à acheter leurs aliments directement chez des petits producteurs locaux. Le site laruchequiditoui.fr offre à tous – donc à vous – la possibilité d'ouvrir une *ruche* dans son quartier.

Citons aussi le succès des **Incroyables comestibles**, ces légumes cultivés devant chez soi et mis à disposition des voisins et passants. Le mouvement s'inspire des Incredible edible né à Todmorden (une cité industrielle du nord de l'Angleterre) en 2008, destiné à recréer du lien social, à souder la communauté et à redonner le goût du consommé local. « Importé » en Alsace par François Rouillay au printemps 2012, Incroyables comestibles s'est multiplié en quelques semaines dans tout l'Hexagone, de Brest à Marseille, sur le même principe : partager avec ses voisins les légumes que l'on a en trop. Pas de bulletin d'adhésion à remplir, il faut juste installer un bac, semer ses graines et planter une pancarte « nourriture à partager ».

Au Havre et à Paris, Cédric Péchard, agro-économiste et fondateur de la société UpCycle (upcycle.org et ufarm.fr), a eu l'idée de recycler du marc de café pour y cultiver des champignons. Il crée ainsi des « **fermes urbaines** » dans des containers pour y faire pousser des pleurotes et des shitake, tout en économisant 80 % d'énergie. Cinq à dix tonnes de champignons peuvent être cultivés tous les ans dans un container de 30 m^2 : des protéines à faible empreinte écologique, produites localement et vendues à un prix raisonnable.

La ville de Rennes a été l'une des pionnières de l'installation de **récipients à compost** où les habitants déposent leurs déchets organiques. De 16 installations en 2006, Rennes-Métropole est passé à plus de 300 aires de compostage en 2013. D'autres villes se mettent également au compost collectif, comme Nantes (2007), Grenoble (2009), Paris (2010), Marseille, Lyon et Bordeaux (2011)... Inspirées du *guerilla gardening* américain (qui consiste à occuper les jachères urbaines pour y installer des jardins sauvages), deux journalistes spécialisées dans l'environnement, Emmanuelle Vibert et Hélène Binet, ont monté l'opération « **Laissons pousser** » en 2010 (laissonspousser.com). Depuis trois ans, elles distribuent des graines de fleurs sauvages capables de résister en milieu urbain « parce qu'on veut tous de la nature dans nos villes » et « pour encourager les citadins à investir leur quartier ».

MANGER MOINS DE VIANDE

Mais parmi toutes les mesures que vous pourrez prendre pour améliorer votre empreinte écologique, diminuer (voire supprimer) votre consommation de viande et d'œufs en batterie s'avérera le plus efficace. Car la consommation de viande industrielle, qui ne cesse d'augmenter dans le monde, a des effets alarmants pour l'environnement. Le bétail contribue plus que toute autre activité au **réchauffement planétaire**, si l'on tient compte de l'azote des engrais chimiques utilisés pour cultiver le fourrage et les céréales destinés à la nourriture des bêtes, du gaz carbonique lié à la production de nourriture et au transport, du méthane des pets et rots de vache et de la fermentation des déjections animales.

Selon une étude du ministère de l'Agriculture, un Français mange 88 kg de viande par an (contre 82 kg en moyenne dans l'Union européenne), soit 230 g par jour. Cela représente, uniquement pour la France, **l'abattage d'un milliard d'animaux par an**.

Des insectes dans notre assiette

Pour satisfaire notre appétit boulimique de protéines, on pourra aussi se rabattre sur les insectes. Riches en vitamines et en protéines, pauvres en cholestérol, ils pourraient avantageusement remplacer la viande de bœuf ou de porc – tout en limitant les gaz à effet de serre et la déforestation. On en mange déjà en Asie, en Afrique ou en Amérique centrale – et on s'en régale. En 2008, la **Food and Agricultural Organization (FAO) de l'Onu encourageait le développement de l'entomophagie comme une solution économique et écologique aux crises alimentaires.** L'Union européenne subventionne les projets de recherche dans ce secteur depuis 2012. Les premières fermes d'insectes se montent en France, comme Micronutris, qui élève des grillons, des crickets et des vers. « Il faut 10 kg de céréales pour produire 1 kg de viande bovine ou 9 kg d'insectes », explique Cédric Auriol, qui a ouvert son élevage près de Toulouse en 2011. S'il existe déjà des restaurants d'insectes à Amsterdam, à Rotterdam ou à Londres, il est difficile de trouver des lieux où l'on pourra se repaître d'un plat d'insectes en France. À Paris, un restaurant japonais, Mushi, propose des makis à la sauterelle ou des scorpions aux amandes.

Toutefois, notre consommation de viande est en baisse depuis 2002. La population prend-elle conscience de la souffrance animale entraînée par les méthodes productivistes des élevages industriels? À Paris, le maire du IIe arrondissement, Jacques Boutault (Europe Écologie-Les Verts), a imposé les « mardis végétariens » dans les cantines de son arrondissement. De plus en plus de menus sans viande s'affichent sur les cartes des restaurants étoilés – ce n'est pas rien dans un pays comme la France où la gastronomie, et notamment ses viandes en sauce, est inscrite au Patrimoine de l'humanité. Un Français sur trois se dit prêt à consommer moins de viande pour participer à la protection de l'environnement. Et trois Français sur cinq mangent régulièrement des plats végétariens. Certains suppriment le porc et le poisson d'élevage, d'autres ne mangent que de la viande élevée en plein air, d'autres deviennent carrément végétaliens (ils ne mangent même pas d'œufs ni de fromage). On compte entre un et deux millions de végétariens en France, soit moins de 2 % de la population. Certains sont catégoriques dans leur attitude, d'autres le sont « en général » et s'accordent des exceptions. Autour de ce grave sujet qu'est la consommation des animaux, plus que pour toute autre question liée à l'alimentation, il n'y a pas une règle à suivre, mais plutôt une conscience à avoir.

La production mondiale de viande a quintuplé entre 1950 et 2000 (284 millions de tonnes en 2009), tandis que la population passait « seulement » de

2,5 milliards d'habitants à 6 milliards sur la même période. Or, pour nourrir le bétail, la demande en céréales (devenues l'aliment de base du bétail élevé en intensif, au détriment de l'herbe des pâturages) augmente de manière considérable. Pour produire un kilo de viande bovine, il faut dix kilos de céréales. Faudra-t-il continuer d'étendre les surfaces cultivées pour répondre à cette demande ? À quel prix ? Déforestation, monocultures intensives, utilisation de pesticides ou d'OGM, destruction des écosystèmes, perte de biodiversité...

L'élevage extensif et le soja exporté pour nourrir le bétail sont la première cause de la déforestation au monde. L'ONG Greenpeace affirmait en juin 2009 que l'élevage bovin était responsable à 80 % de la destruction de la forêt amazonienne. En France, où plus de huit animaux sur dix sont élevés en bâtiments fermés, parqués en cage ou sur des caillebotis sans accès à l'extérieur, l'élevage est l'un des principaux facteurs d'émission de gaz à effet de serre. Ce secteur participe donc massivement au réchauffement climatique alors que cet impact n'est presque jamais évoqué par les décideurs politiques.

L'augmentation du nombre d'élevages intensifs en France et surtout en Bretagne a des conséquences directes sur l'apparition des marées vertes (l'élevage y contribue de façon directe par les rejets de

Élevage animal : attention danger !

82 % des 700 millions de poulets de chair produits annuellement sont élevés sans accès à l'extérieur ; 81 % des 47 millions de poules pondeuses sont élevées en batterie de cages ; 99 % des 40 millions de lapins sont élevés en cages ; plus de 90 % des 25 millions de cochons sont élevés en milieu fermé.
Les systèmes modernes d'élevage sont des incubateurs à virus, listeria monocytogenes, salmonelles, campylobacters, E. coli et autres promoteurs de « grippes » en tout genre. Comme l'indique un rapport de la FAO : « Il n'est pas surprenant que les trois quarts des nouveaux pathogènes ayant affecté les humains dans les dix dernières années proviennent des animaux ou des produits animaux. »

lisiers et indirecte par l'excès d'engrais apporté aux cultures de céréales destinées à nourrir le bétail) et la pollution des nappes phréatiques. Enfin, selon la Commission européenne, l'élevage est responsable de 64 % des émissions d'ammoniac, une des principales causes des pluies acides.

La proportion massive d'animaux élevés en confinement et soumis à une croissance trop rapide crée des conditions idéales pour l'émergence et la propagation de **nouvelles maladies**. Faut-il encore s'étonner des scandales qui éclaboussent le secteur viande de l'industrie agroalimentaire : vache folle, hormones de croissance, grippe aviaire, fièvre aphteuse ou, dernièrement, viande de cheval au lieu du bœuf annoncé dans les lasagnes surgelées ? « Les élevages sont devenus des usines à viande et l'animal, gavé d'antibiotiques, une matière première au service de la rentabilisation », dénonçait Jocelyne Porcher, ancienne éleveuse, chargée de recherches à l'Inra, dans l'hebdomadaire *Le Point* au mois de janvier 2013, pour signifier combien l'élevage industriel était devenu un facteur de risque pour notre santé autant qu'une menace pour l'environnement. Tout comme les piscicultures industrielles, qui fournissent aujourd'hui la moitié des poissons consommés sur la planète (soit près de 60 millions de tonnes par an), pour tenter de pallier l'effondrement des stocks de poissons sauvages. La promiscuité des poissons en captivité entraîne également la propagation de maladies, incitant les éleveurs à traiter préventivement les poissons aux antibiotiques, et les excréments des poissons polluent les fonds marins aux alentours des cages.

D'autant que, contrairement aux idées reçues apparues en France au cours du XXe siècle, **le steak quotidien ou même hebdomadaire n'est pas indispensable au développement de l'homme**. La consommation excessive de viandes rouges (bœuf, porc, mouton et chèvre) et de charcuteries constitue même un facteur de risque pour les maladies

Allez plus loin que le végétarisme : devenez « vegan »

Encore un mot inventé aux États-Unis, en prenant les premières et dernières lettres du mot *vegetarian*. Le véganisme est un mode de vie qui cherche à exclure, autant que possible, toute forme d'exploitation et de cruauté envers les animaux. Il n'y a pas encore de données sur la proportion de vegans (ou véganes) en France, mais une page Facebook « Un monde Végan » a été créée en 2010 : elle compte 3 869 *like* début mars 2013. Par rapport au végétarisme et au végétalisme, qui désignent stricto sensu des régimes alimentaires, le véganisme vise plus largement un mode de vie rattaché à des choix moraux et politiques. Au-delà de l'adoption d'un régime alimentaire végétalien (sans viande ni poisson, mais aussi sans lait et sans œufs, car ils participent à l'exploitation des animaux), le véganisme refuse tout produit issu d'animaux ou testé sur eux (cuir, fourrure, laine, soie, cire d'abeille, cosmétiques, loisirs, etc.).

cardio-vasculaires ou le cancer (du côlon et du rectum) : les données recueillies par l'Institut national du cancer estiment que l'augmentation du risque de cancer colorectal est de 29 % par portion de 100 g de viande rouge consommée par jour et de 21 % par portion de 50 g de charcuterie consommée par jour.

La viande, ancien produit de luxe, est devenue une norme dans notre culture culinaire en l'espace de quelques décennies seulement. Le restera-t-elle encore alors que nous savons qu'il serait préférable de changer notre régime alimentaire ?

DERNIERS CONSEILS PRATIQUES

- Apprenez à **décrypter les étiquettes** des produits alimentaires. Privilégiez les aliments portant les logos des labels biologiques. Évitez les aliments qui contiennent trop d'additifs. En règle générale, plus la liste d'ingrédients est courte, meilleur est le produit.
- Privilégier **les casseroles en fer, en inox ou en revêtement céramique** sans Téflon. N'utilisez pas de casseroles en aluminium ou de poêles antiadhésives.
- Évitez de faire vos courses dans les supermarchés, même pour les produits bio (qui y sont souvent importés de cultures intensives lointaines et n'offrent pas toujours des garanties de traçabilité).
- Quand vous achetez des produits « exotiques », préférez ceux du **commerce équitable**.

- Faites vos courses avec un panier ou un cabas pour pouvoir refuser les sacs plastiques que vous offrent ou vous vendent les commerçants. De manière générale, achetez le plus possible en vrac ou à la coupe afin d'éviter les déchets générés par les emballages.
- Pour estimer le nombre d'exploitations que votre commune ou votre région devrait accueillir pour que vous puissiez manger local et bio, connectez-vous au « convertisseur alimentaire » de l'association Terre de liens. Un bon moyen pour prendre conscience des efforts à accomplir et pour faire pression sur les élus ! (convertisseur.terredeliensnormandie.org)

Pour adhérer à une Amap ou pour en monter une

Centre de ressources et d'essaimage des Amap (Creamap) : échange d'infos entre producteurs et consommateurs expérimentés, pour aider les Amap débutantes à démarrer.

www.amap-france.fr/

Incroyables comestibles

www.incredible-edible.info/

Manger des insectes

www.rcrea.fr/Mushi/

La Ruche Qui Dit Oui

laruchequiditoui.fr

Vivre sans huile de palme

http://vivresanshuiledepalme.blogspot.fr/

2

SE DÉPLACER

Le **modèle de l'automobile triomphante**, qui a gouverné nos organisations urbaines au XXe siècle, n'est pas un échec total. Mais il est tout de même la source de nombreux désagréments : en France, le secteur des transports est le premier consommateur de produits pétroliers. Notre consommation énergétique a doublé en volume entre 1973 et 2010 en raison de l'accroissement du nombre de voitures et des distances parcourues. Les véhicules à moteur sont la première source de rejets de CO_2, loin devant le résidentiel, l'industrie, l'agriculture ou l'armée. De tous les modes de transport, ce sont de loin les véhicules thermiques qui émettent le plus de gaz carbonique, participant largement à la dégradation de la qualité de l'air. Or les études scientifiques le confirment d'année en année : la pollution automobile met la santé des urbains en danger, en favorisant notamment les maladies respiratoires et cardio-vasculaires.

Rêvons un peu. Divisons par trois, ou seulement par deux, le nombre de véhicules à moteur en ville. À l'heure des embouteillages, des coups de klaxon, des bouffées de dioxyde de carbone et des conducteurs en surchauffe dans leur cage en métal, on aurait en échange la fluidité des bicyclettes – le bruit serait, lui aussi, divisé par trois ou par deux. Les déplacements se feraient moins vite – mais a-t-on encore besoin de se déplacer à toute vitesse, alors que nous sommes hyperconnectés, partout, en permanence, avec tout le monde ? La marche ou le vélo permettent des dizaines d'interactions sociales qui ne sont plus possibles lorsque nous sommes enfermés dans notre petite bulle montée sur quatre roues. Il y aurait moins d'accidents mortels. Les scooters, qui ont envahi l'espace urbain au cours des dix dernières années, ne démarreraient plus devant le visage des bébés en poussette (à Paris, plus de 110 000 scooters circulent chaque jour et, selon l'Ademe, la pollution qu'ils produisent est supérieure à celle des voitures individuelles). Enfin, tout le monde respirerait mieux. Le taux de bronchites et maladies pulmonaires diminuerait. C'est un rêve que l'on peut s'autoriser à faire : il suffirait d'une journée sans voiture, peut-être deux, pas plus, pour que notre ville retrouve son air pur, pour qu'on redécouvre le bonheur d'y respirer à pleins poumons.

LA NOUVELLE ÈRE DU TOUT-AUTO EST-ELLE DÉJÀ DEVENUE OBSOLÈTE ?

Les publicités des années 1960 l'annonçaient comme une **révolution** sans précédent. Le changement, c'était pour maintenant, chacun pourrait avoir sa voiture, et à nous la liberté. Il a fallu repenser la ville pour leur faire un peu de place, à ces machines qui colonisaient les grands axes et les contre-allées – d'autant qu'elles occupent plus d'espace que toute autre forme de transport. Les communes ont élargi les routes et installé des places de parking sur les squares. On a rétréci les trottoirs. Aux cyclistes, on ne laissa rien : ils durent se battre longtemps pour obtenir leurs pistes cyclables – qui commencent à se généraliser depuis une dizaine d'années. « La ville, telle qu'on l'a aménagée dans la deuxième partie du XXe siècle, ne répond plus à sa fonction d'échange, regrettait en 2012, dans les colonnes du *Figaro*, l'architecte Jean-Marie Duthilleul. On l'a coupée en morceaux. On a oublié l'intérêt du trajet, le charme du parcours. »

38 millions de voitures

En France, 38 millions de véhicules sont en circulation, dont 32 millions de voitures particulières.
85 % des ménages urbains possèdent au moins une voiture et 41 % deux ou plus.
Trois Français sur quatre utilisent un véhicule motorisé pour se rendre au travail (et trois automobiles sur quatre ne sont occupées que par un conducteur).
(Source : Comité des constructeurs français d'automobiles et ministère de l'Écologie.)

Enfermé dans sa capsule, l'automobiliste a gagné en vitesse ce qu'il a perdu en lien social – on l'a dit, la voiture ne favorise pas les échanges. Quand le conducteur est dans sa caisse, il est moins concerné par la vie de la cité. Les poussettes l'ennuient, il n'a pas le temps de discuter avec l'ami croisé. Il roule. Il va d'un point A à un point B. Ce n'est pas une catastrophe, mais cela détricote les rapports humains. « La voiture n'est pas une technique neutre, apolitique, permettant simplement de se mouvoir dans l'espace, écrivent les auteurs de *Désobéir à la voiture* (Le Passager Clandestin, 2012). Elle contribue à la dissolution du collectif, du territoire, des solidarités essentielles. » Ça, les campagnes de publicité pour les nouveaux modèles de voiture oublient toujours de le dire. Elles nous montrent du rêve, de la liberté, des grands espaces, des couchers de soleil, de la nature et de l'air pur, comme le faisait le cow-boy du cigarettier Marlboro avant de mourir d'un cancer du poumon.

Les nuisances liées aux voitures

Pollution atmosphérique, gaz à effet de serre, épuisement des ressources naturelles, pluies acides... L'énumération des effets indésirables de la voiture est anxiogène. Ce n'est pas un groupuscule d'écologistes qui le dit, *c*'est le constructeur Renault qui établit cette liste publiée sur son propre site Internet. Reprenons-la.

« Le gaz carbonique émis par les moteurs à essence participe au réchauffement climatique »

Vrai. Les gaz d'échappement représentent un bon quart des émissions carbone en France. Depuis le début des années 2000, les constructeurs cherchent à réduire leurs taux d'*émission de* CO_2. Aujourd'hui, ils savent créer des voitures qui rejettent 95 g de CO_2 par kilomètre, mais continuent de commercialiser des véhicules lourds, comme les 4x4, qui consomment deux fois plus.

« Les rejets de dioxyde de soufre et d'oxydes d'azote contribuent à l'acidification des pluies et des sols »

Vrai. La voiture est la principale cause de la pollution de l'air. La combustion du carburant induit le rejet de métaux lourds, de poussières cancérigènes, de plomb, de monoxyde et de dioxyde d'azote (qui grignotent la couche d'ozone) et de particules fines. Chaque année, la pollution par les **particules fines** (moins de 2,5 µm) émises par les véhicules est responsable de 6 500 à 9 500 décès de personnes âgées de plus de 30 ans, selon l'Agence française de sûreté sanitaire et environnementale. Tous ces rejets sont la cause de nombreuses maladies respiratoires et de cancers (des poumons et de la vessie).

« ***La fabrication et l'utilisation des véhicules consomment des ressources naturelles*** »

Vrai. La fabrication d'une automobile représente 15 à 20 % des émissions totales de CO_2 qu'elle engendrera jusqu'à sa mise à la casse et éventuellement son recyclage. 300 000 litres d'eau sont nécessaires pour produire une seule voiture et chaque véhicule requiert plus de vingt fois son poids en **matières premières**. Il faudra donc 20 tonnes de matières premières (fer, etc.) pour un véhicule qui n'en pèse qu'une. Deux millions de véhicules légers sont jetés chaque année, soit 280 000 tonnes de vieux pneus, 30 000 tonnes de résidus de batteries, 400 000 tonnes de déchets industriels spéciaux.

« ***La voiture augmente le niveau sonore de l'environnement urbain*** »

Incomplet. Les voitures font du bruit, certes, mais elles provoquent bien d'autres nuisances. La macadamisation des sols (pour la construction des routes, tunnels, ponts, stations-service, zones commerciales, entrepôts, parkings) augmente les risques d'inondations et fragmente les habitats naturels. Il existe déjà plus d'un million de kilomètres de routes en France et 90 000 hectares de terres agricoles continuent d'être artificialisés chaque année. Enfin, la **pollution lumineuse** induite par l'éclairage des routes bouleverse les équilibres de la faune locale.

Que faire de sa voiture usagée ?

Prière de ne pas abandonner sa guimbarde à l'orée d'un bois, mais de la déposer chez un professionnel (agréé par la préfecture), qui vous remettra un certificat de destruction et s'occupera de faire annuler son immatriculation. Tous les ans, 1,5 million de véhicules sont traités par des centres agréés. Ils en assurent la dépollution (huiles usagées, liquide de frein, liquide de refroidissement, carburant, batterie, pot catalytique, etc.). Le véhicule est ensuite partiellement démonté pour alimenter le marché de la pièce de réemploi ou celui du recyclage. Il est ensuite broyé pour séparer les matières restantes. Les métaux sont recyclés. L'Ademe estime que 81 % de la masse d'un véhicule peut faire aujourd'hui l'objet d'une réutilisation ou d'une valorisation. Une directive européenne impose pour 2015 le recyclage de 95 % du véhicule.

Cela dit, **la part modale de la voiture est en train de diminuer** dans toutes les grandes villes de France. À Paris, la mairie a engagé une ambitieuse politique en matière de transports en commun (couloirs de bus, extension des lignes de métro, de RER, de tramway), facilitant également les trajets des cyclistes (pistes cyclables, Vélibs) et des piétons. Le Syndicat des transports d'Île-de-France (Stif) remarquait en 2012 que la part des déplacements effectués en voiture s'était stabilisée sur les dix dernières années. Alors que les ménages parisiens ont déjà amorcé une baisse de leur équipement automobile dans les années 1990, ce recul s'est accentué ces dernières années, et ils sont 55 % en 2010 à ne pas avoir de voiture – en banlieue, 29 %. Même constat à Marseille, Lyon, Bordeaux, Lille, Toulon, Grenoble, Reims, Toulon, Rennes, Strasbourg…

De moins en moins de personnes passent leur permis de conduire non seulement en France, mais aussi dans les autres pays d'Europe. Après le pic du pétrole, sommes-nous arrivés au pic de la voiture ? Trop polluante, trop chère, trop encombrante, elle perd de son aura enchanteresse. C'est tout un faisceau d'éléments qui nous font nous détourner (lentement) de l'hégémonie automobile. Après les baby-boomers, adeptes du tout-auto, la génération Y considère-t-elle que les médias sociaux leur donnent une forme d'accès au monde suffisante ? Une chose est certaine : les urbains se sont aperçus que des alternatives efficaces au transport individuel motorisé existaient.

Les alternatives à la voiture : comment circuler écolo dans la ville ?

Comment faire pour circuler sans provoquer de dérèglement climatique? Réponse: en marchant ou en pédalant. Éventuellement en se déplaçant en trottinette, en roller, en skate. Les transports les plus écolos sont ceux que l'on qualifie de doux, c'est-à-dire qu'ils ne sont pas motorisés – nos propres calories sont leur seule source d'énergie. Les villes ont également développé leurs réseaux de transports en commun, avec plus ou moins de réussite – à noter que le transport collectif n'est pas toujours respectueux de notre planète, selon le mode de propulsion utilisé et la densité de l'habitat. On verra aussi que la voiture peut devenir une alternative de transport relativement écologique.

Là encore, c'est en prenant les questions environnementales dans leur globalité que l'on arrivera au résultat le plus efficace. En clair : s'il est très écologique de troquer sa voiture pour un vélo, il est également préférable de faire ses courses dans les commerces de proximité (plutôt que d'encourager les hypermarchés à s'agrandir davantage) et il est surtout recommandé de consommer des produits locaux pour éviter les transports inutiles. Objectif: renforcer le poids des alternatives à l'automobile. Plusieurs villes de France se sont déjà engagées dans cette voie.

C'est notamment le cas des **villes en transition**, qui proposent de préparer le passage « de la dépendance au pétrole à la résilience locale », en incitant les citoyens d'un territoire à réduire leur consommation d'énergie fossile et à reconstruire une économie locale vigoureuse et respectueuse de l'environnement. Plus de cinquante villes françaises ont déjà lancé le processus - d'Aix-en-Provence à Toulouse, en passant par Caen, Frontignan ou Orléans. Initié en 2006, dans la ville de Totnes, en Angleterre, le mouvement est aujourd'hui mondial. Il tente d'impliquer les communautés urbaines dans leur ensemble, considérant que le changement ne doit pas venir seulement des gestes individuels quotidiens, ni des instances politiques via la législation. Concrètement, les villes en transition encouragent le covoiturage, l'autopartage, les transports en commun et le vélo.

D'autres initiatives vont dans ce sens. Citons celles des **cittaslow** (villes lentes), qui s'engagent à suivre des recommandations inspirées des principes de la décroissance et de la sobriété heureuse - elles donnent la priorité aux transports en commun et transports non polluants, elles favorisent les zones piétonnières, la création de places publiques « où l'on peut s'asseoir et converser paisiblement » ou encore le développement des commerces de proximité et des systèmes d'échanges locaux. En France, Segonzac (Charente) est la première commune à avoir adhéré à la Charte cittaslow en mai 2010.

Une demi-douzaine de villes moyennes ont suivi – telles Blanquefort, Créon, Labastide-d'Armagnac (Landes), Mirande et Saint-Antonin-Noble-Val – déterminées à créer un réseau français de villes lentes.

QUEL MODE DE PROPULSION ?

Électricité, gaz, essence, biocarburants, hydrogène, quelle énergie privilégier, alors que la fin du pétrole est annoncée ?

Les agrocarburants

Voilà une « solution » qui fait plus de mal que de bien. Les agrocarburants, ou biocarburants, sont produits à partir de plantes terrestres issues de deux filières : la filière huile, à partir de colza, de palme, de tournesol ou de jatropha curcas, et la filière alcool, à partir de la fermentation de sucres de betterave, de blé, de canne à sucre, de maïs ou de déchets végétaux. L'huile ou l'alcool produit selon ces procédés peut se substituer partiellement ou totalement aux carburants pétroliers.

Mais leur exploitation industrielle a vite démontré qu'ils étaient une fausse bonne idée. La quasi-totalité des agrocarburants ne respecte pas les principes de l'agriculture biologique et entraîne de nombreux dégâts environnementaux (pollution des sols par les engrais et pesticides, augmentation de la déforestation, perte de biodiversité, épuisement des sols et des réserves en eau). Dans la plupart des cas, ces accaparements de terres fertiles ont été réalisés dans des pays souffrant déjà de la faim, aggravant ainsi leur dépendance alimentaire. Le phénomène est également visible en Europe : 70 % du colza européen a servi à produire du « biodiesel » en 2010 alors que, dans le même temps, les importations d'huile végétale augmentaient de plus de 60 % entre 1999 et 2010. Les agrocarburants pourraient être considérés comme une bonne idée si on n'utilisait, pour les produire, que les excédents agricoles temporaires. Mais ce n'est pas le cas.

Le diesel

La France dispose d'un des parcs autos les plus diésélisés au monde. Les particules issues des moteurs Diesel représentent 40 % de la pollution particulaire urbaine. Elles peuvent engendrer asthme, cancer (du poumon) et maladies cardio-vasculaires.

La voiture électrique

La voiture électrique, mode de propulsion le plus « propre » ? Certes, une voiture électrique n'émet pas de gaz à effet de serre lorsqu'elle est en marche. Elle en émet néanmoins dans sa phase de production (et même davantage qu'un véhicule thermique en raison de la production de sa batterie). Surtout, il faut se demander d'où vient l'électricité qui alimente les voitures électriques. En France, plus de 75 % de la production d'énergie se fait par le nucléaire. Une énergie relativement pauvre en émissions carbone, mais qui induit des risques que nous avons toujours du mal à mesurer – l'accident de la centrale de Fukushima, au Japon, l'a montré en mars 2011.

Mais les émissions carbone ne sont pas tout. La batterie, composée de métaux toxiques dont l'extraction provoque des rejets de polluants atmosphériques (Nox, SO_2...), est encore loin d'être recyclable. Les voitures électriques entraînent ainsi des conséquences plus lourdes que les véhicules thermiques en matière d'acidification des pluies. Enfin, la déperdition d'électricité (transport, stockage) est telle qu'une voiture électrique requiert 60 % d'énergie de plus qu'un véhicule thermique pour le même rendement. Les problèmes liés à la fabrication et au recyclage des batteries sont les mêmes en ce qui concerne les scooters et autres véhicules électriques.

Au final, le bilan carbone de la voiture électrique n'est pas significativement inférieur à celui du véhicule thermique. Selon l'Ademe, le bilan global d'une voiture électrique serait de 126 g de CO_2 par kilomètre contre 161 g de CO_2 par kilomètre pour le véhicule thermique. Or, les émissions de CO_2 des véhicules thermiques devraient continuer de chuter pour répondre aux exigences environnementales de l'Union européenne et bientôt de l'ONU.

Énergie solaire

L'idée d'alimenter les véhicules avec des panneaux solaires fait son chemin, à condition de savoir mieux distribuer l'énergie solaire. Des prototypes sont régulièrement testés et exposés, tels que l'étonnante Aurora Solaris 2050. Le constructeur Toyota propose l'option « panneaux solaires » sur sa Prius de troisième génération. D'autres concepteurs travaillent sur des projets encore plus innovants, tels que le projet « Autoroute durable » : une route serait surmontée de panneaux courbes, en verre feuilleté, qui filtreraient les particules polluantes des voitures thermiques tout en alimentant les véhicules à énergie solaire. Nous n'y sommes pas encore.

Hydrogène

Alors que la technologie hydrogène (pile à combustible, moteur électrique et batterie tampon) s'était éclipsée depuis quelques années avec l'essor de l'électrique, elle refait surface chez de nombreux constructeurs. Ainsi, Hyundai devrait produire 1 000 véhicules à pile à combustible d'ici à 2015 et jusqu'à 10 000 par an au-delà. La firme coréenne s'unit également avec Honda, Toyota et Nissan pour soutenir l'introduction de ces véhicules dans les pays scandinaves et l'implantation d'infrastructures de ravitaillement en hydrogène entre 2014 et 2017. L'Allemagne et le Japon se sont, eux aussi, engagés dans la création de stations hydrogène. Les constructeurs français n'investissent pas dans cette technologie.

Hydrocarbures de synthèse

Il est possible de fabriquer des agrocarburants à partir de déchets organiques (foin, taillis, branches, etc.), pas toujours correctement valorisés. Des recherches sont en cours aux États-Unis, en Europe et en Chine pour améliorer ce type de procédé, largement développé durant la Seconde Guerre mondiale par les Allemands, qui alimentèrent leurs chars avec des carburants issus du charbon de la Ruhr.

ET SI ON PARTAGEAIT NOTRE VOITURE ?

En France, l'acquisition des véhicules personnels semble avoir atteint un plafond. Les ventes baissent. Quelques constructeurs s'adaptent à cette évolution de la demande en proposant de vendre l'usage de la voiture et non sa possession.

Peugeot le fait avec sa carte prépayée Mu by Peugeot permettant d'utiliser plusieurs véhicules en location. Ou Renault, pour des véhicules électriques, ou encore Daimler ou BMW. Il s'agit de répondre aux demandes des consommateurs, de plus en plus orientées « services ». Pour rendre cette évolution possible, il faudra améliorer la mise en place d'un système multimodal de mobilité donnant accès à un ensemble de moyens de transport complémentaires.

L'usage de la voiture peut même s'intégrer dans une philosophie d'écomobilité, avec l'autopartage et le covoiturage. Partant du constat qu'une voiture passe plus de 95 % de son temps de vie à l'arrêt, c'est-à-dire en occupant les 7 m^2 (en moyenne) d'une place de stationnement ou le box d'un parking, on peut imaginer de partager au maximum son utilisation.

Le **covoiturage** met en relation des individus (amis, collègues, voisins ou inconnus) pour effectuer tout ou une partie d'un trajet en commun – domicile-travail, domicile-étude, longue distance (voyage, affaire...) ou loisirs. C'est en quelque sorte de l'auto-stop organisé. Il procure des avantages individuels (partage des coûts, convivialité d'un trajet effectué à plusieurs) et collectifs (augmentation du taux de remplissage des véhicules, baisse du nombre de voitures en circulation et des problèmes liés au stationnement, diminution des embouteillages, de la pollution et des risques d'accident). Ce système, qui s'est développé à la fin des années 1990 en Europe, connaît un fort engouement en France depuis 2007 – grâce à Internet, qui facilite les mises en contact.

L'**autopartage** permet de disposer d'une voiture sans en être propriétaire. Les adhérents réservent leur véhicule et vont les retirer dans les différentes stations du réseau situées à proximité de leur domicile. Ce système se distingue de la location par ses enjeux environnementaux, son accessibilité et sa faible durée (parfois une ou deux heures). Il répond à un vrai besoin puisque les deux tiers des utilisateurs ne pourraient faire leur trajet autrement qu'en voiture : desserte des transports en commun trop restrictive, location traditionnelle de voiture trop contraignante et peu adaptée à la flexibilité. Tout comme le covoiturage, le système est en évolution permanente, notamment grâce à Internet et aux smartphones qui simplifient la réservation et l'accès au véhicule.

D'autres initiatives voient le jour, telles que les **transports à la demande** (TAD) : il s'agit de taxis collectifs, à bord de voitures, de vans ou de camionnettes. Apparus dans les zones rurales, les transports à la demande se développent de plus en plus dans les milieux urbains. Aujourd'hui, plus d'une trentaine de villes françaises s'en servent comme compléments aux transports en commun.

Enfin, après les vélos en libre-service, voilà les **voitures en libre-service**. Généralement, ces voitures se déplacent à l'électrique et les modes de location sont de plus en plus souples. Par exemple, depuis septembre 2012, Saint-Quentin-en-Yvelines offre la possibilité de réserver par smartphone ou Internet quinze minutes avant l'utilisation. On paye selon la distance parcurue, il n'y a pas de forfait, et l'on peut prendre et déposer le véhicule sur n'importe quelle place de parking dans la zone couverte par le service 24h/24 et 7j/7.

Si on ne peut pas se passer de sa voiture, on peut toujours :

- rouler à bord d'une voiture moins polluante (voiture économe en carburant, légère, ou en tout cas adaptée à ses besoins). Abandonner son 4x4 urbain, par exemple ;
- diminuer sa consommation d'essence en roulant à vitesse régulière sans accélérations intempestives, en évitant de trop pousser le régime moteur. Rouler à 120 km/h au lieu de 130 sur autoroute peut permettre d'économiser jusqu'à un litre aux cent kilomètres ;
- entretenir son véhicule, par exemple changer le filtre à air et régler l'allumage réduit la pollution et fait économiser du carburant. Équiper son véhicule de dispositifs dépolluants (filtres à particules, filtres catalytiques) ;
- éviter la climatisation, responsable d'un surplus de consommation de 30 % en milieu urbain ;
- ne pas prendre la voiture sur les petits trajets ;
- rouler à l'huile de friture recyclée, après raffinement artisanal. Depuis 2003, l'UE autorise l'utilisation de ce carburant qui, à la différence des biocarburants, est un déchet et non pas élaboré à partir de cultures qui devraient servir à l'alimentation humaine.

LES MODES DOUX

La marche

Elle constitue le premier mode de déplacement alternatif – le premier mode de déplacement tout court, depuis que les hommes se tiennent à la verticale. Notre morphologie est conçue pour que nous nous servions de nos jambes, et l'absence d'exercice physique nuit à notre organisme, les médecins n'arrêtent pas de nous le dire. Pourtant, la marche ne représente plus qu'un petit tiers de nos déplacements. « De 1750 à 2010, l'activité physique moyenne passe de huit heures par jour à moins de soixante minutes », constate l'urbaniste Élisabeth Pélegrin-Genel, dans son dernier ouvrage *Une autre ville sinon rien*.

Tout espoir n'est pas perdu : la marche est en train de redevenir un Graal pour les rebelles du bitume. À l'initiative de Yo Kaminagai, ingénieur des ponts et chaussées, délégué à la Conception au département Maîtrise d'ouvrage des projets de la Régie autonome des transports parisiens (RATP), une discipline récente, la **piétonique**, propose très sérieusement de réapprendre à se déplacer à pied. « Cette discipline permettrait d'institutionnaliser la marche comme un mode de déplacement actif et d'accompagner son apprentissage par les individus. Car les peurs liées à la marche et à l'environnement dans lequel on se meut sont nombreuses (...) d'une simple gêne à des maladies post-traumatiques : on craint le bruit, les lieux clos, la foule, la vitesse, l'éloignement, la hauteur, les regards, les accidents, le toucher, les odeurs, les agressions ou encore les chutes », explique le site Internet du groupe Chronos. Les propositions évoquées sont nombreuses : le géographe Jacques Lévy propose de « privilégier la vitesse contextuelle par rapport à la vitesse km/h », en rappelant que le Tokyoïte à pied est plus rapide que l'automobiliste de Los Angeles. Notre rêve d'une ville sans voiture, où l'on pourra traverser le périphérique parisien les mains dans les poches, en regardant le vol des étourneaux, prendra-t-il corps un de ces jours ? Des métropoles comme Paris, Nantes, Lyon et Marseille (depuis le printemps 2013) ont ouvert leurs propres circuits GR, des parcours de grande randonnée pour nous rappeler que la marche n'est pas incompatible avec les paysages urbains.

La réappropriation des habitudes pédestres peut se faire dès le plus jeune âge. Des dizaines de municipalités françaises (Angers, Bruz, Roubaix, Chambéry, Suresnes, Lyon et Le Grand Lyon, Caen, Rennes, Tremblay-en-France, Taverny, Bessancourt, Saint-Étienne et son agglomération, Evry, Marcoussis, Bourg-lès-Valence, Nanterre, Nantes, Versailles) et européennes mettent en place des **pédibus**, ces ramassages scolaires qui se font sur le principe d'un trajet en bus, mais à pied, les écoliers étant encadrés par des adultes. Écologique, économique et pédagogique, le projet est né au milieu des années 2000, alors que la proportion de parents emmenant leurs enfants en voiture à l'école ne cessait d'augmenter. Les embouteillages diminuent tout comme le stationnement sauvage aux alentours des écoles. Ce petit exercice quotidien est aussi l'occasion d'enseigner aux écoliers les habitudes urbaines et l'attention à leur environnement. Comme la plupart des alternatives écologiques que propose ce manuel, le pédibus entraîne une série d'effets vertueux, positifs, bénéfiques, sous la forme d'une spirale positive.

Cette réappropriation peut aussi se faire à la hussarde. Prenons l'initiative du **Park(ing) day**, organisé depuis 2010 en France, le troisième samedi de septembre. En 2012, dans plus de 45 villes, des citoyens ont occupé à leur guise, pendant toute une journée, les places de parking de leur rue, de leur quartier, les transformant en potager, en poulailler, en salon de massage ou en terrain de pétanque au gré de leurs imaginations. Rien ne vous empêche de le faire vous-même en septembre prochain : des dizaines de milliers de places de parking vous attendent dans toutes les villes de l'Hexagone.

La bicyclette

Elle constitue l'autre mode de déplacement doux particulièrement adapté à la ville. Popularisé au début du XXe siècle, le vélo est régulièrement utilisé par 40 % des Français. On compte 25 millions de « petites reines » en France. Elles représentaient 27 % des déplacements urbains en 2010 contre 17 % en 2000. Une progression encourageante ? Peut mieux faire. Nous avons un sacré retard à rattraper vis-à-vis de nos voisins nord-européens : un Français parcourt 75 km par an à vélo contre 848 km pour un Néerlandais. Alors que la moitié des déplacements urbains font moins de 5 km, le potentiel de développement de la bicyclette est donc très important.

Si nos scores sont encore modestes, les derniers indicateurs sont plutôt optimistes. Le succès des opérations de **vélos en libre-service**, dans presque toutes les grandes villes de France (à Rennes depuis 1997, à Lyon depuis 2005, à Paris depuis 2007...), fait de la bicyclette un transporteur public au même titre que le bus ou le tramway : on enfourche un vélo stationné à sa borne de location comme on saute dans une rame de métro. À Paris, le système des Vélibs compte près de 210 000 abonnées à l'année et le nombre de locations varie entre 60 000 et 120 000 par jour en moyenne suivant les saisons et la météo.

Cette démocratisation du libre-service, l'accentuation des difficultés de circulation ou l'augmentation du prix du carburant favorisent l'émergence d'une tendance au déplacement « utilitaire » à vélo, c'est-à-dire dans le cadre des déplacements professionnels (en opposition à une pratique longtemps tournée vers le loisir). Les prochaines lois relatives aux déplacements devraient davantage prendre les vélos en considération – dans la mesure où les lobbies automobiles n'étoufferont pas trop ces velléités écologiques.

Offrez-vous un vélo en bambou

Roulez en vélo alternatif et faites du commerce équitable. Depuis 2008, la société Zambikes, basée à Lusaka en Zambie, vend des vélos en bambou dans le monde entier grâce à une boutique en ligne. Les matériaux utilisés sont 100 % zambiens et le moins polluants possible.

D'ici là, les mesures incitatives à la pratique du vélo s'élargissent à la sphère privée. De nouveaux magasins de **réparation de vélos** ouvrent tous les mois, certains étant gérés de manière communautaire – comme Bicyclaid à Clichy-la-Garenne, dans les Hauts-de-Seine : dix salariés en insertion professionnelle sont chargés de remettre en état de vieux deux-roues avant leur mise en vente, les adhérents peuvent profiter de l'atelier où ils retapent leur propre engin sur le mode participatif.

Pour accompagner le retour du vélo dans leurs rues, les villes ont développé une **législation** qui leur est plus favorable. Ainsi, depuis fin 2010, les cyclistes ne sont plus obligés de s'arrêter au feu rouge, certains feux tricolores pouvant devenir des « tourne-à-droite » autorisant leur franchissement au rouge. Les cyclistes peuvent également circuler à contresens dans les rues limitées à 30 km/h.

Pour se donner bonne conscience sans trop se fatiguer, on peut toujours se procurer un **vélo à assistance électrique**. Avec ce deux-roues de plus en plus utilisé depuis l'an 2000, la batterie n'envoie son énergie au moteur que pour amplifier le mouvement du pédalier. Il s'agit donc d'une assistance discrète et limitée ne dénaturant pas la fonction première du vélo, ni son maniement. 37 000 de ces vélos ont été vendus en France en 2011. Mais attention, si ces deux-roues légers n'émettent pas de CO_2, l'électricité nécessaire à leur propulsion a souvent des effets sur l'environnement. C'est encore plus vrai pour les véhicules plus lourds, comme le scooter électrique.

La question du transport dans les villes ne se pose pas uniquement par le biais de l'opposition voitures/modes doux. La densité de la population permet de mettre en place un réseau de transports collectifs permettant de faire bénéficier les urbains des facilités offertes par les déplacements motorisés.

Les transports en commun

Grâce aux efforts des municipalités pour améliorer leurs réseaux de bus, de tramway ou de métro, les transports en commun sont une autre alternative aisée à développer dans les villes. Si leur fonctionnement est loin d'être parfait en France (on trouve toujours quelque chose à leur reprocher, ils sont trop aléatoires, on y est trop serré, ils sentent mauvais), un tiers des urbains français y ont recours et leur utilisation est à la hausse selon l'Union des transports publics et ferroviaires. Cette progression s'explique d'abord par l'aspect financier (le prix du ticket devient attractif par rapport au prix de l'essence pour les voitures individuelles), mais aussi par l'amélioration des services proposés dans certaines communes. « Les usagers sont prêts à passer de leur voiture à un transport collectif lorsque l'offre assure la rapidité, la régularité et la fréquence », observe Chantal Duchène, directrice du Groupement des autorités responsables de transport (GART), qui réunit des élus de droite et de gauche. Des alternatives sont étudiées pour les rendre plus attrayants : une quinzaine de villes moyennes (comme Aubagne,

Castres ou Compiègne) ont instauré la gratuité pour les habitants.

Mais attention, transport public ne signifie pas toujours déplacement écolo. Certains moteurs, vieux et encrassés, sont très polluants. Et, sur les lignes à très faible fréquentation, un car de cinquante places est un gros émetteur de gaz à effet de serre par voyageur transporté. Un usage alternatif de la voiture pourrait même être plus écologique dans certaines situations.

DERNIERS CONSEILS PRATIQUES

En voiture :
- Roulez à vitesse régulière sans accélérations intempestives.
- Entretenez régulièrement votre véhicule. Changer le filtre à air et régler l'allumage peut réduire jusqu'à 20 % la pollution et faire économiser 10 % de carburant.
- Évitez de faire fonctionner la climatisation.

Autopartage

www.buzzcar.com, qui a pour slogan :
« Louez la voiture de votre voisin. »

Bicyclaid à Clichy-la-Garenne (Hauts de Seine)

Bicyclaid.org

Réseau roule ma frite

www.roulemafrite.fr

Vélos en bambou

www.zambikes.org

Villes en transition

www.transitionfrance.fr/

3

HABITER

La France compte environ 30 millions de logements et, chaque année, 300 000 nouveaux immeubles sortent de terre. Le secteur du bâtiment (logements et bâtiments tertiaires confondus) est le plus gros consommateur d'énergie de tous les secteurs économiques : 25 % des émissions nationales, soit 33 millions de tonnes de carbone par an. L'Ademe (Agence de l'environnement et de la maîtrise de l'énergie) a identifié plusieurs voies de progrès afin de faire face aux enjeux de ce secteur. Elle propose notamment l'utilisation des énergies renouvelables et la réalisation de travaux d'amélioration de performance énergétique.

Mais être écolo chez soi ne saurait se résumer aux économies d'énergie. Il est également très important de se préoccuper des substances toxiques qui peuvent émaner de nos meubles. Les urbains passent, en moyenne, neuf fois plus de temps à l'intérieur qu'à l'extérieur. Or, l'Observatoire de la qualité de l'air intérieur a relevé que les teneurs en formaldéhyde, un gaz nocif et allergisant utilisé dans les meubles en bois contrecollé ou stratifié, sont huit à neuf fois plus élevées à l'intérieur des logements qu'à l'extérieur. Ces mêmes meubles émettent des COV (composés organiques volatils) et contiennent souvent des résines et des colles issues de dérivés du pétrole. Autre exemple : le bois exotique utilisé pour fabriquer certains meubles (dans les salles de bain notamment) participe bien souvent à la destruction des forêts tropicales.

Une attention primordiale doit aussi être portée aux produits ménagers (lessive, savon, liquide vaisselle, nettoyant pour le sol). Ils peuvent être source d'empoisonnements toxiques. Mais surtout, 50 % des phosphates rejetés dans les eaux françaises ont pour origine les produits d'entretien. Ils sont en partie responsables de la prolifération d'algues dans les rivières et sur le littoral, qui empêchent l'oxygénation de l'eau et compromettent la survie des êtres vivants.

Les pistes d'action sont multiples. Elles peuvent concerner les économies d'énergie et d'eau, l'achat de matériel électroménager, le ménage écologique et, bien entendu, la rénovation de l'habitat.

ÉCONOMISER L'ÉNERGIE

Choisir un fournisseur d'électricité verte

L'ouverture à la concurrence de la production et de la commercialisation de l'électricité et du gaz domestiques, en juillet 2007, nous autorise désormais à choisir un fournisseur « vert », qui s'engage à fournir de l'électricité ou du gaz issu, en partie ou en totalité (certains contrats stipulent 100 %, d'autres moins), de sources d'énergies renouvelables, comme l'hydraulique, l'éolien, le solaire ou les centrales thermiques.

Une application pour maîtriser sa consommation

EDF a lancé l'application **Éco-gestes** pour smartphone afin de vous aider à maîtriser vos dépenses d'énergie. Il s'agit d'un guide pour connaître les améliorations possibles sur chaque poste de consommation d'énergie dans la maison. Vous pouvez aussi grâce à cette application programmer des alertes sur votre téléphone afin de ne pas oublier de dégivrer votre congélateur, de mettre vos lessives en route aux heures creuses ou de dépoussiérer vos lampes basse consommation pour qu'elles éclairent mieux.

Les **principaux fournisseurs** d'énergies renouvelables sont Poweo-Direct Énergie, Planète Oui, Alterna et Énercoop. Vous pouvez comparer leurs offres sur www.fournisseurs-electricite.com. Petite précision d'importance si vous hésitez à changer de fournisseur d'électricité et/ou de gaz : comme ERDF (Électricité Réseau Distribution France) et GrDF (Gaz Réseau Distribution France) restent responsables du transport et de la distribution, vous gardez les mêmes installations et le même compteur électrique.

Choisir un électroménager économe

Comme presque tous les ménages français, vous avez sans doute chez vous un réfrigérateur, un lave-linge, un aspirateur et un fer à repasser. Comme 63 %, un micro-ondes, comme 48 %, un congélateur, comme 37 % un lave-vaisselle, et comme 24 %, un sèche-linge.

Pour faire le bon choix dans vos équipements, fiez-vous à **l'étiquette énergie**. Obligatoire en France depuis 1995 pour les réfrigérateurs et les congélateurs, elle est désormais également apposée sur les lave-linge, les sèche-linge, les lave-vaisselle, les cuisinières et les fours encastrables. Les appareils sont classés en fonction de leur consommation électrique : **de A (en vert) pour les plus économes à G (en rouge) pour les plus gourmands**. Sachez également que les équipements de classe A+, A++ et A+++ (triple A) sont encore plus économes. Un appareil de classe triple A consomme de 30 à 60 % d'énergie en moins qu'un appareil de classe A, qui, lui, consomme en moyenne 50 % d'énergie en moins qu'un appareil de classe C. Pour savoir quel appareil acheter, vous pouvez vous référer au guide Topten, consultable sur Internet et soutenu par l'Ademe, qui recense ceux qui ont la meilleure performance énergétique.

Quelle lampe choisir ?

Depuis le 1er septembre 2012, la législation européenne interdit aux fabricants et importateurs de vendre des ampoules transparentes à incandescence d'une puissance supérieure ou égale à 100 watts dans l'Union européenne, car elles ne transforment que 5 % de l'énergie qu'elles consomment en lumière (le reste étant perdu en chaleur). Les détaillants peuvent cependant continuer à en commercialiser jusqu'à ce que leurs stocks soient épuisés. Les ampoules transparentes à incandescence de moindre intensité, les ampoules dépolies et les halogènes à faible rendement seront aussi progressivement éliminés. L'ensemble de ces mesures devrait, d'ici à 2020, permettre d'économiser chaque année dans l'Union européenne l'équivalent de la consommation de 23 millions de ménages européens. Cela devrait réduire les émissions de CO_2 d'environ 32 millions

Mon ordinateur est aussi mon radiateur

À Montrouge, en région parisienne, Paul Benoît, polytechnicien et créateur de la start-up Qarnot Computing, a mis au point une **alternative au chauffage classique**. Il utilise la chaleur dégagée par les processeurs informatiques, qui sont placés dans des radiateurs en remplacement des résistances électriques. Ce qui donne au final des « radiateurs numériques », appelés Q.rad. Ce procédé évite de stocker les processeurs dans des data centers (grandes pièces hébergeant les serveurs d'une entreprise), qui doivent être climatisés en permanence en raison de ce phénomène de surchauffe.

L'installation est relativement simple : **le radiateur est connecté au réseau par un câble Internet** ; vous pouvez régler le thermostat comme sur un radiateur classique. En fonction de vos besoins thermiques, le processeur du Q.rad génère plus ou moins de calculs informatiques grâce aux données que Qarnot Computing achemine vers le processeur via le câble Internet. L'entreprise revend la puissance informatique se trouvant à l'intérieur de ce dispositif. Mais les données traitées par les Q.rad ne sont pas stockées, elles ne font que transiter de façon cryptée. D'après Paul Benoît, ce système « gaspille cinq fois moins d'énergie pour le même résultat ».

En avril 2013, 25 Q.rad ont été installés dans l'école d'ingénieurs Télécom Paris Tech. Et 300 autres devraient bientôt chauffer des HLM parisiens.

de tonnes par an, soit un dixième des émissions mondiales de gaz à effet de serre.

En remplacement des ampoules à incandescence, l'Ademe recommande l'achat de **lampes fluorescentes compactes** (LFC), aussi appelées lampes basse consommation (LBC), qui consomment environ cinq fois moins d'énergie que les ampoules classiques. Elles durent aussi plus longtemps: 8000 heures en moyenne, contre 1000 heures pour une ampoule classique et 2000 à 3000 pour une ampoule halogène de nouvelle génération. De plus, la Commission européenne a évalué que les LFC, même si elles sont un peu plus chères à l'achat, pouvaient générer une économie de 50 euros par an sur la facture d'électricité d'une famille. Mais attention toutefois, les lampes LFC ne sont pas la panacée, car elles **contiennent du mercure**, une substance dangereuse dont elles ont besoin pour produire de la lumière et qui peut provoquer une inflammation des poumons, des lésions rénales, des gastroentérites ou encore des tremblements si elle est inhalée en grande quantité. Cependant, le mercure ne peut s'échapper d'une lampe LFC uniquement si celle-ci se brise. Au final, préférez les modèles recelant moins de 2 mg de mercure, sachant que la limite légale est fixée à 5 mg. Certaines sont également équipées d'un système qui limite les dispersions de mercure en cas de casse. L'Ademe recommande aussi l'utilisation de **lampes à diodes électroluminescentes** (LED), notamment pour remplacer les sports halogènes encastrés dans le plafond.

Attention aux climatiseurs

La climatisation contribue de manière importante au **réchauffement global de la planète**. Les gaz utilisés dans les climatiseurs, les hydrofluorocarbures, ont un pouvoir de réchauffement deux mille fois plus élevé que celui du CO_2. Climatiser pour se refroidir tout en réchauffant la planète, c'est en quelque sorte le serpent qui se mord la queue. Sans compter que les climatiseurs peuvent être très énergivores et que si, en plus, ils ne sont pas entretenus correctement, ils peuvent être **porteurs de virus et autres champignons**.

La meilleure des solutions consiste à fermer les fenêtres l'après-midi et à les ouvrir la nuit ou tôt le matin afin d'évacuer l'air chaud et de laisser rentrer

Dormir à la bonne température
La nuit, la température idéale pour dormir ne devrait pas dépasser 18 °C. Cela vous semble frisquet pour lire quelques pages de ce manuel chaque soir avant de vous endormir ? Investissez dans la **Couettabra**, kit de lit composé d'une couette et de sa housse à manches longues dans lesquelles vous pouvez passer vos bras et qui remontent bien haut sur la poitrine et les épaules. Et n'oubliez pas la fameuse **bouillotte** qui permet de chauffer son lit dix minutes avant d'aller se coucher !

l'air frais. Mais si vous tenez quand même à installer un climatiseur chez vous, voici **quelques conseils pour en installer un économe en énergie** :

- choisissez un appareil de classe énergétique A et adapté à vos besoins. Plus la surface à équiper est petite, moins l'appareil devra avoir une puissance moyenne élevée ;
- réglez le thermostat de votre appareil afin que la différence entre la température extérieure et intérieure n'excède pas 6 °C le jour et 3 °C la nuit ;
- fermez les portes et les fenêtres lorsque la climatisation fonctionne.

ÉCONOMISER L'EAU

Un robinet intelligent

Vous connaissez sans doute déjà les régulateurs de débit pour les robinets ou les douches. Mais connaissez-vous le **Start and Flow** ? Ce système, médaille d'or du concours Lépine 2012, a été conçu par la société française Econ'o pour éviter les écoulements d'eau inutiles grâce à un boîtier muni de capteurs pour robinets, qui se fixent sous l'évier ou le lavabo, et d'un détecteur de pression, qui se place sur les portes ou les tiroirs du meuble sous l'évier ou le lavabo. Concrètement, si vous avez les mains prises et que vous souhaitez arrêter l'eau rapidement, il vous suffit d'effleurer le détecteur de pression avec votre genou. Les vibrations sont analysées puis transmises à des électrovannes qui vont fermer le robinet. Ce dispositif est le premier du genre pour le grand public, et il s'installe en une vingtaine de minutes. Les ingénieurs qui l'ont conçu ont calculé que son utilisation peut permettre à une famille de quatre personnes d'économiser 90 euros par an. Ce système coûte 229 euros, et il est principalement commercialisé dans les enseignes Mobalpa.

Récupérer l'eau

La récupération des eaux de pluie et des eaux grises (des douches ou des bains) est une technique en pleine progression. En France, des sociétés comme Aquae ou Aqua'R System proposent des systèmes de récupération de ces eaux pour les immeubles ou les maisons individuelles afin de les réutiliser pour des **usages non corporels et non alimentaires**, comme l'alimentation des toilettes ou l'arrosage du jardin.

Une autre PME française, Biofluides, a mis au point un procédé permettant le recyclage calorique des eaux grises. L'idée consiste à **recycler la chaleur perdue dans les eaux usées**, notamment celles des douches, des baignoires, des lave-linge et des lave-vaisselle, au profit des installations de chauffage et d'eau chaude sanitaire. Deux ensembles de logements sociaux, soit 82 foyers, du Xe arrondissement parisien en ont été équipés en 2013, pour un investissement moyen de 2 000 euros par logement. Cela devrait permettre à ces foyers de couvrir 55 % de leurs besoins en eau chaude. Cette innovation entraînera, en outre, une forte réduction des émissions de gaz à effet de serre.

Changer de chasse d'eau

Selon l'Ademe, les toilettes représentent à eux seuls environ 30 % de l'eau utilisée dans un logement. Chaque fois que vous tirez la chasse d'eau, vous utilisez environ 10 litres d'eau. Plusieurs possibilités s'offrent à vous pour réduire cette consommation : installer des toilettes à **double chasse**, ce qui remplace avantageusement la pierre que certains suggèrent de placer dans le réservoir, ou opter pour des toilettes équipées d'un **réservoir de 3 à 6 litres**. À l'avenir, de nouvelles toilettes devraient faire leur apparition. Une équipe de recherche de l'institut suisse Eawag vient de créer des toilettes permettant une séparation de l'urine et des fèces, qui sont recueillies sous la dalle de séparation, et une moindre consommation d'eau (entre 1 et 1,5 litre par usage individuel).

BIEN ÉQUIPER SON LOGEMENT

Le mobilier

Plusieurs conseils: fuyez les meubles neufs en plastique ou en contreplaqué, préférez les **meubles d'occasion et en bois massif**. Mieux encore, privilégiez le bois non traité et le bois certifié FSC ou PEFC, qui garantit une gestion durable de la forêt. Plus de 100 millions d'hectares de forêts dans 80 pays sont aujourd'hui certifiés FSC, soit 5 % des forêts dédiées à la production de bois. Quant au label PEFC, créé en France en 1999, il concerne 5 millions d'hectares de forêts certifiés, soit 78 % de la forêt publique et 14 % de la forêt privée françaises.

Les matelas contiennent, eux aussi, des substances toxiques que vous pouvez inhaler en dormant. En effet, l'humidité produite par la respiration a tendance à augmenter les émissions de composés organiques volatils présents dans le matelas. Afin de réduire votre exposition à ces substances toxiques, vous pouvez utiliser un protège-matelas. Le mieux reste d'acheter un **matelas éco-conçu, en coton biologique ou en latex naturel**. À la différence du latex de synthèse, qui est conçu à partir de dérivés pétroliers, le latex naturel est issu de l'hévea (l'arbre qui fournit du caoutchouc).

De plus, les matelas sont traités naturellement contre les acariens avec des huiles essentielles. Vous pouvez en trouver par exemple sur les sites Internet Biosense ou Matelas Bio Latex.

Les revêtements muraux

Ne choisissez pas votre peinture à la légère ! Les peintures classiques, qui plus est parfumées ou insecticides, sont la principale source d'émission de COV dans l'habitat. Optez plutôt pour des peintures à la chaux, à la caséine, sans solvant ou naturelles en poudre (à diluer dans de l'eau avant utilisation), qui sont largement moins nocives pour l'environnement et votre santé. De nombreuses marques ont investi le marché.

De même pour les papiers peints, la plupart sont source de pollution en raison de leurs encres qui contiennent des solvants. Malheureusement, les alternatives écologiques se font rares. Vous pouvez néanmoins vous tourner vers la marque britannique Graham & Brown ou belge Omexco. Pour la colle à papier peint, la marque Nature et Harmonie en commercialise sans solvant, sans COV, sans formaldéhyde, sans résine de synthèse ni conservateur. En fonction du modèle, comptez de 15 à 100 euros le rouleau. Certains papiers peints ordinaires peuvent coûter moins de 10 euros en entrée de gamme.

Mauvaises ondes

Électrosensibles, ce futur produit est pour vous ! Le Centre technique du papier et Grenoble INP sont en train de développer deux **papiers peints d'un genre nouveau**. Ils sont capables, grâce à des motifs tracés à l'encre conductrice, de **filtrer les ondes électromagnétiques** d'un réseau local sans fil (Wifi) ou d'un téléphone portable GSM, et donc de vous en protéger. Mais rassurez-vous, il vous sera toujours possible de vous connecter en Wifi à Internet ou de téléphoner depuis chez vous. Seul bémol : le chef de projet, Guy Eymin Petot Tourtollet, avoue « qu'il est *impossible* de connaître la composition exacte de ces encres ». Quand il sera commercialisé, ce papier peint devrait coûter sensiblement le même prix qu'un papier peint ordinaire.

En attendant sa mise sur le marché, on vous rappelle ces **quelques conseils pour vous protéger des ondes électromagnétiques**, qui peuvent avoir un impact sur la santé humaine et notamment le développement neurologique des enfants : préférez les textos aux appels quand cela est possible, ne dormez pas avec votre portable proche de votre lit, limitez l'utilisation du téléphone portable par les enfants, travaillez avec votre ordinateur posé sur une table et non pas sur vos genoux, installez votre box Wifi en dehors des endroits les plus fréquentés de la maison, et éteignez-la la nuit.

Les revêtements de sol

Choisissez des **moquettes ou des tapis à base de fibres naturelles**, coco, sisal ou jonc de mer. Les fibres végétales sont particulièrement appréciées pour leur aspect esthétique. Elles sont également très résistantes et donc parfaites dans les pièces où il y a beaucoup de passage et les escaliers. Et côté écologie, ces moquettes et ces tapis en fibres végétales contiennent moins de matières premières pétrochimiques que les autres.

NETTOYER ÉCOLO

Les produits ménagers

Dans tous les cas, choisissez des produits ménagers porteurs de **l'éco-label européen**. Il garantit notamment des impacts réduits sur le milieu aquatique et l'utilisation d'ingrédients en grande partie biodégradables, tout en offrant une efficacité comparable aux produits classiques.

Autre solution, **fabriquez vous-même vos produits ménagers**. Voici quelques recettes.

- **Liquide vaisselle** : voir encadré p.270.
- **Lessive liquide** : mélanger 50 g de savon de Marseille râpé dans 1 litre d'eau, puis ajouter 1 cuillerée à soupe rase de bicarbonate de soude (ça ravive les couleurs) et 6 gouttes d'huile essentielle de votre choix (citron ou lavande, par exemple). Possibilité de rajouter 1 cuillerée à soupe de vinaigre blanc en guise d'assouplissant.
- **Nettoyant multi-usage** : mélanger dans 1 litre d'eau chaude 1 cuillerée à soupe rase de bicarbonate, 1 cuillerée à soupe de vinaigre blanc et 6 gouttes d'huile essentielle d'arbre à thé (pour ses propriétés antifongique et antiseptique) ou de citron.

Le plus pratique est de réaliser ces recettes ménagères dans une casserole réservée à cet effet. Transvasez ensuite dans un contenant opaque. Mais attention, ne surdosez pas les huiles essentielles, car les femmes enceintes et les jeunes enfants peuvent être sensibles à leur contact direct. Enfin, choisissez si possible du vrai savon de Marseille, qui ne contient pas d'huile de palme.

Déboucher sans danger

Que faire lorsqu'un évier ou un lavabo est bouché et que l'on ne souhaite pas employer le trop fameux Destop, très toxique pour l'eau et les voies respiratoires ? Vous pouvez déjà prévenir les bouchons en équipant votre évier ou votre lavabo d'une **crépine** qui, placée sur l'orifice, retient les gros déchets avant qu'ils ne tombent dans la canalisation. En cas de bouchon avéré, les méthodes « naturelles » consistent à verser de l'eau bouillante dans la canalisation ou à utiliser une ventouse, une spirale métallique ou une

Les plantes dépolluantes sont-elles efficaces ?

Depuis quelques années, nombreux sont ceux qui vantent les qualités des plantes dépolluantes pour assainir nos intérieurs. Pourtant, l'Ademe a publié en 2011 un rapport intitulé « Plantes et épuration de l'air intérieur ». Cette institution considère qu'« en laboratoire (…) des plantes peuvent présenter une capacité à absorber certains polluants gazeux, (qui) peut être influencée par différents paramètres physiques et/ou biologiques. (…) En conditions réelles d'exposition, l'efficacité d'épuration de l'air par les plantes seules est inférieure à l'effet du taux de renouvellement de l'air sur les concentrations de polluants. » En clair, **continuez à privilégier l'aération et à limiter les sources de pollution**. C'est plus efficace que les plantes. Sachez également que depuis le 1er janvier 2012, les produits de construction et de décoration portent obligatoirement une étiquette qui indique leur niveau d'émission de polluants dans l'air intérieur, de A+, pour les moins polluants, à C, pour les plus polluants.

pompe à vide. Les plus courageux n'hésiteront pas à **démonter le siphon** pour le nettoyer, ce qui se fait aisément grâce à une pince multiprise.

Lutter contre les mites

Au lieu d'employer un antimites chimique comme la naphtaline, il existe une façon naturelle de s'en débarrasser. L'entreprise Biotop terrorise l'ennemi avec les **trichogrammes**, des antimites qui se présentent sous la forme de diffuseurs à déposer dans les endroits infestés. Ces micro-insectes de moins d'un millimètre parasitent les œufs nichés dans le garde-manger, les placards de la cuisine ou les armoires à linge. Ils empêchent ainsi le papillon d'éclore en mangeant sa larve puis en prenant sa place pour y terminer leur propre croissance. Leur action est à la fois préventive et curative. Ces insectes sont inoffensifs pour l'homme et non toxiques pour les aliments. Le traitement dure huit semaines environ.

En matière d'antimites naturels, vous pouvez aussi opter pour l'une des solutions suivantes :

- des **disques de bois de cèdre** à accrocher aux cintres ;
- de **l'huile essentielle de lavande** imbibée sur un coton ou bien des fleurs amassées dans une chaussette qui sera ensuite placée dans un placard ou un tiroir ;

- du **savon d'Alep râpé** récupéré dans un sachet ;
- deux ou trois **pommes de pin** fraîchement tombées.

EMMÉNAGER DANS UN LOGEMENT ÉCOLO

Louer ou acheter un logement

La réalisation d'un diagnostic de performance énergétique est obligatoire en France depuis le 1er novembre 2006 pour la vente d'un logement neuf et depuis le 1er juillet 2007 pour la location. **Les logements sont notés sur une échelle de sept classes** : de A, les plus économes avec une consommation inférieure à 50 kilowatts heure par mètre carré, à G, les plus énergivores avec plus de 450 kilowatts heure par mètre carré. Un deuxième diagnostic venant compléter le premier indique les émissions de CO_2 des logements. Ces derniers sont également notés sur une échelle de sept classes : de A, ceux qui émettent moins de 5 kg équivalents CO_2 par mètre carré et par an, à G, ceux qui émettent plus de 80 kg équivalents CO_2 par mètre carré et par an.

Tri ou pas tri ?

Vous êtes encore perdu avec le tri sélectif? Voici ce que vous pouvez mettre dans la poubelle de tri.

• Les emballages ménagers (vides, non lavés et non imbriqués) :
  - les bouteilles en plastique ;
  - les flacons de ketchup et de mayonnaise ;
  - les flacons de produits ménagers et de toilette ;
  - les boîtes de conserve, les boîtes en métal ;
  - les bidons (de sirop, par exemple) ;
  - les briques alimentaires ;
  - les boîtes et les emballages en carton.

• Les journaux, revues, prospectus et feuilles de papier (sans les films plastique).

Les pots, bocaux et bouteilles en verre doivent être apportés, vidés et non lavés, mais sans leur bouchon ou capsule, dans les points de collecte du verre.

Le reste est à jeter dans la poubelle d'ordures ménagères : les emballages alimentaires en plastique fin, les pots de produits laitiers, les barquettes en plastique, le polystyrène, les boîtes en carton sales, les aérosols, les sacs en plastique, les blisters, les emballages de produits toxiques, la vaisselle ou encore les pots de fleurs.
Pour les encombrants et les déchets verts, renseignez-vous auprès de votre mairie.

Construire un logement neuf

Pour les constructions à proprement parler, l'objectif est d'**atteindre une consommation énergétique de 50 kilowatts heure par mètre carré et par an**, appelée aussi valeur pivot de consommation maximale d'énergie primaire en moyenne par an. Un objectif toutefois variable en fonction de la typologie du bâtiment, de la surface du logement, du recours ou non à des énergies peu émettrices en gaz à effet de serre et surtout de l'implantation géographique sur le territoire français. Pour cela, la France a été divisée en huit zones climatiques ayant chacune une valeur pivot particulière. Il faut également noter que l'outre-mer, où le climat et les constructions sont spécifiques, n'est pas concerné par la RT 2012, mais que la Constitution française permet aux assemblées territoriales de ces territoires d'éditer des réglementations spécifiques.

Concrètement, **cinq usages sont concernés** : le chauffage, le refroidissement (climatisation), l'eau chaude sanitaire, l'éclairage et les auxiliaires (pompes et ventilateurs). Les maisons individuelles devront par exemple être les plus étanches possible aux fuites d'air, tout en permettant une bonne ventilation du logement. Et il faudra obligatoirement installer un dispositif d'énergie renouvelable comme un chauffe-eau solaire, des panneaux photovoltaïques ou une chaudière à bois, etc.

Depuis le 1er janvier 2013, la **réglementation thermique 2012** (RT 2012) remplace la RT 2005. L'attestation de prise en compte de la RT 2012 est obligatoire dans les dossiers de demande de permis de construire pour les constructions neuves résidentielles et non résidentielles, quel que soit le matériau de construction utilisé (bois, pierre, paille, chanvre, etc.). La RT 2012 a pour objectif global de diviser par quatre les émissions de gaz à effet de serre du secteur de la construction d'ici à 2050.

Côté coût, Marc Schoeffter, ingénieur en charge des réglementations thermiques à l'Ademe, estime le surcoût d'investissement entre 5 à 8 %. Mais l'économie sur vingt ans pour une maison de 90 à 100 m^2 sera comprise entre 500 et 5 000 euros.

Rénover son logement

Pour financer des travaux d'économies d'énergie afin de rendre un logement plus économe en énergie, plus confortable et moins émetteur de gaz à effet de serre, sachez que vous pouvez bénéficier de prêts dédiés, à l'instar de **l'éco-prêt à taux zéro**. Il concerne les propriétaires occupants et les propriétaires bailleurs, sans condition de ressources, dont le logement (maison individuelle ou copropriété) a été achevé avant le 1er janvier 1990 et est utilisé en tant que résidence principale. Les catégories de travaux éligibles sont l'isolation de la toiture, l'isolation des murs donnant sur l'extérieur, le remplacement des fenêtres et portes-fenêtres donnant sur l'extérieur et le remplacement éventuel des portes donnant sur l'extérieur, l'installation ou le remplacement d'un système de chauffage (associé le cas échéant à un système de ventilation performant) ou d'un producteur d'eau chaude sanitaire, l'installation d'une production d'eau chaude sanitaire utilisant une source d'énergie renouvelable, l'installation d'un système de chauffage utilisant une source d'énergie renouvelable. L'éco-prêt à taux zéro permet de financer jusqu'à 30 000 euros de travaux. La durée de remboursement est de dix ans, mais peut être réduite à trois ans et exceptionnellement portée à quinze ans. Pour bénéficier de ce prêt, vous devez identifier les travaux à réaliser avec une entreprise ou un artisan de votre choix, remplir un formulaire de devis et vous adresser à l'une des banques partenaires du ministère de l'Environnement. Si le prêt vous est accordé, vous aurez alors deux ans pour réaliser les travaux et vous devrez envoyer les factures acquittées à votre banque.

Vous pouvez également vous tourner vers le **crédit d'impôt dédié au développement durable**,

Bâtiment basse consommation (BBC), bâtiment à énergie positive et RT 2012. Quelles différences ?

Le label BBC, mis en place avec la réglementation thermique 2005, préfigurait la RT 2012. Mais attention, le label BBC restait une démarche volontaire ouvrant droit à une déduction fiscale pour les constructions neuves, alors que l'application de la RT 2012 sera obligatoire et non assortie d'aides financières. Le bâtiment à énergie positive anticipe la RT 2020. À cette date, la loi imposera qu'un bâtiment neuf produise plus d'énergie qu'il n'en consomme.

qui permet de déduire de vos impôts sur le revenu une partie des dépenses effectuées pour certains travaux d'économies d'énergie. Les habitations principales (maison individuelle ou appartement) de contribuables français, achevées depuis plus de deux ans, peuvent en bénéficier pour l'acquisition de chaudières à condensation, de chaudière à micro-cogénération gaz, de matériaux d'isolation thermique et d'appareils de régulation de chauffage. Les habitations principales neuves ou anciennes sont également concernées pour l'acquisition d'équipement de production d'énergie renouvelable ou de pompes à chaleur. Les travaux doivent obligatoirement être effectués par une entreprise car une facture ou une attestation fournie par le vendeur ou le constructeur du logement neuf sont exigées. Le montant des dépenses ouvrant droit au crédit d'impôt est plafonné à 8 000 euros pour une personne seule et à 16 000 euros pour un couple. La somme est majorée de 400 euros par personne à charge. Notez qu'il est possible de cumuler éco-prêt à taux zéro et crédit d'impôt, sous certaines conditions de ressources : le montant des revenus du foyer fiscal de l'emprunteur ne doit pas excéder 30 000 euros.

Enfin, sachez que l'Agence française pour la valorisation énergétique incite les particuliers à réaliser des travaux générant des économies d'énergie par le versement d'une prime, le **chèque travaux**. Le montant perçu est proportionnel à l'importance de vos travaux et à l'économie d'énergie réalisée, et il peut s'ajouter aux deux aides citées précédemment. Sur le site Internet www.chequestravaux.com, vous pouvez réaliser une simulation du montant du chèque travaux qui pourrait vous être accordé.

DERNIERS CONSEILS PRATIQUES

- **Plus les murs d'une pièce sont clairs, plus ils réfléchissent la lumière.** Voilà donc une astuce très facile à mettre en œuvre pour y voir clair sans trop abuser des lampes fluorescentes compactes.
- Si vous partez quelques jours en vacances, pensez à mettre le **chauffage sur le mode hors gel**. Ce système déclenche les radiateurs si la température descend entre 5 et 8 °C, ce qui évitera que le gel ne fasse éclater les tuyauteries.
- **Évitez les lingettes nettoyantes jetables**. C'est certes plus pratique et vous utilisez moins d'eau, mais vous générez une quantité incroyable de déchets (trois à six fois plus qu'avec les produits traditionnels). Sans oublier que cela vous coûtera plus cher.

BONNES ADRESSES

Les aides et les textes sur la rénovation

L'éco-prêt à taux zéro :

www.developpement-durable.gouv.fr/

Le crédit d'impôt dédié au développement durable :

www.developpement-durable.gouv.fr/

http://ecocitoyens.ademe.fr/financer-mon-projet/

La réglementation thermique 2012 :

www.rt-batiment.fr

Apprendre à construire ou rénover de façon écologique

www.lesavoirfaire.fr

www.assoc-helianthe.org

Les avis de l'Ademe sur les lampes

www2.ademe.fr/servlet/

Le comparateur d'électroménager écolo agréé par l'Ademe

www.guidetopten.fr

Des conseils pour une maison plus sûre et plus saine

http://prevention-maison.fr

L'éco-label européen

www.ecolabels.fr

Les Espaces Info Énergie

Initiés par l'Ademe en 2001, ils ont pour mission de proposer aux particuliers des conseils et des solutions concrètes pour mieux maîtriser leurs consommations d'énergie et recourir aux énergies renouvelables. Le territoire français compte 250 Espaces Info Énergie.

www.infoenergie.org

L'étiquetage des émissions en polluants volatils des produits de construction et de décoration

www.developpement-durable.gouv.fr/

Un guide pour les habitants de logements à énergie positive

Le groupe Brémond met à la disposition des habitants de leur immeuble à énergie positive, Amplia à Lyon, un guide pour les aider à utiliser au mieux leurs installations au quotidien.

www.bremond-immobilier.com/particuliers/fr/

Visiter de manière interactive une maison basse consommation

http://dolcevita-bbc.fr

4

TRAVAILLER

La France compte 28 millions d'actifs. L'importance de ne pas laisser nos bonnes intentions pour la planète à la porte de notre bureau, où nous passons parfois près de dix heures par jour, n'est plus à démontrer. Mais la chose est parfois délicate quand nous sommes soumis à un règlement et une hiérarchie qui ne sont pas toujours éco-friendly.

Le secteur tertiaire, qui pèse lourdement sur le bilan environnemental, est le plus important secteur d'activité en termes d'emploi. A fortiori dans les villes, où trois personnes sur quatre y travaillent. Cependant, il faut distinguer le secteur tertiaire marchand (transport, commerce, services aux entreprises, services aux particuliers, activités immobilières et financières) du secteur tertiaire non marchand (éducation, santé, action sociale, administration), dans lequel près de 30 % de la population française est employée.

Même s'il n'émet pas de pollution visible comme les grosses industries, le secteur tertiaire se montre pour le moins négligent envers l'environnement. Au niveau individuel, l'écologie au travail peut être abordée à partir de deux points de vue différents : comment faire pour ne pas laisser à l'entrée du bureau les éco-gestes pratiqués à la maison ? Et comment trouver sur le marché du travail un emploi vert – un secteur d'avenir, paraît-il ?

LES GESTES ÉCOLOGIQUES AU BUREAU

Nombreux sont les petits éco-gestes que l'on peut pratiquer au bureau de manière individuelle, comme réutiliser le verso des feuilles de papier ou boire son café avec les collègues dans une tasse réutilisable plutôt que dans un gobelet jetable.

Pour inciter le secteur tertiaire à plus de bienveillance envers notre planète, l'Ademe – a publié dans son guide sectoriel 2012 « Réalisation d'un bilan des émissions de gaz à effet de serre : secteur tertiaire non marchand » – un tableau de synthèse regroupant un certain nombre d'**actions prioritaires susceptibles d'avoir un impact positif sur l'environnement.**

Comme son titre l'indique, ce guide est destiné principalement aux employés du secteur non marchand, c'est-à-dire l'administration, les services de l'État et les associations. Il s'adresse également aux organisations dites « multisites » qui effectuent essentiellement du travail administratif et qui

Ça chauffe dans nos bureaux

On songe souvent à l'impact du secteur primaire sur l'environnement, mais la pollution engendrée par le **secteur tertiaire** est loin d'être négligeable : elle est **responsable de 19 % des gaz à effet de serre** en France. Ces émissions proviennent des installations de chauffage, de la production d'eau chaude et de la climatisation, mais aussi de la consommation d'énergie du parc informatique. Les bureaux, en France, représentent plus de **175 millions de mètres carrés de bâtiments**, qui consomment 275 kWh/m^2 par an, dont 56 % pour le chauffage et 32 % pour les usages spécifiques de l'électricité.
Les activités de bureau produisent chaque année 2,4 millions de tonnes de déchets. En France, le poids des cartouches d'impression vides est estimé à 19 tonnes pour 81 millions de cartouches par an. Or ces cartouches contiennent des matériaux toxiques pour l'environnement (plastique non biodégradable, métaux lourds, résidus d'encre, etc.). **Chaque année, 200 milliards de pages sont imprimées**, soit 28 pages par jour et par collaborateur. 80 kg de papier sont consommés annuellement par un salarié et 20 % des documents imprimés sont jetés à la poubelle sans même avoir été lus... **400 millions d'euros par an sont dépensés en impressions inutiles**.
Enfin, les produits utilisés peuvent être dangereux pour la santé et produisent une grande quantité de déchets.

sont caractérisées par une structure ramifiée (siège national, directions régionales et sites locaux). Les secteurs de la santé et de l'éducation notamment ne sont donc a priori pas concernés par cette publication de l'Ademe. Cependant, certains des conseils ci-dessous relèvent du bon sens environnemental au travail et peuvent donc être transposés à d'autres types d'activités.

Domaines d'intervention et actions possibles

Matériel de bureautique

- S'équiper de matériel informatique labellisé : TCO, Energy Star ou EPEAT
- Augmenter la durée de vie des équipements informatiques en préférant la remise en état à l'achat de nouvelles unités
- Automatiser l'extinction des PC
- Configurer le mode veille des PC
- Préférer un fond d'écran sombre et fixe

Solutions d'impression

- Ne plus utiliser d'imprimantes jet d'encre
- Ne pas remplacer une partie des imprimantes individuelles
- S'équiper uniquement de cartouches d'encre NF Environnement
- Faire reprendre les cartouches par des consultants spécialisés

Papier

- Se fournir en papiers recyclés ou labellisés écolabel européen, FSC ou PEFC (ces deux labels garantissent une gestion durable de la forêt)
- Dématérialiser au maximum les documents

Écolo, le papier recyclé ?

Le papier certifié. Certes, il est issu de forêts gérées durablement et ne provient donc pas de cultures intensives ni de coupes illégales, mais comme il comporte des fibres vierges, cela nécessite tout de même d'importants prélèvements de bois dans les milieux naturels. Heureusement, la gestion durable de la forêt permet d'assurer son renouvellement et continue d'abriter de nombreuses espèces animales et végétales.
Le papier recyclé. Les fibres du papier peuvent être recyclées jusqu'à cinq fois. L'économie de ressources naturelles est donc significative : alors qu'il faut seulement une tonne de vieux papiers pour fabriquer 900 kg de papier recyclé, il faut 2 à 3 tonnes de bois (environ 17 arbres) pour fabriquer 1 tonne de papier classique. De plus, la fabrication de papier recyclé requiert jusqu'à moitié moins d'énergie. Cependant, qu'il soit recyclé ou non, sa fabrication nécessite beaucoup d'eau.
Verdict : le papier recyclé a un meilleur bilan écologique pour un usage quotidien. Mais si vous trouvez qu'il n'est pas assez blanc pour votre correspondance par exemple, utilisez alors du papier certifié.

Mobilier

- Acheter des produits en bois certifiés PEFC ou FSC, ou en bois local
- Préférer les meubles à base de plastique recyclé

Achats responsables

- Prendre en compte les aspects environnementaux et sociaux dans le processus d'attribution de marchés
- Élaborer un catalogue restreint de produits éco-responsables pour les fournitures courantes
- Former une personne référente Développement durable par service (et/ou par site)
- Former l'ensemble des acheteurs aux achats responsables et aux enjeux du développement durable

Nettoyage des locaux

- Acheter des produits de nettoyage éco-labellisés
- Faire appel à une société de nettoyage qui utilise des produits écologiques

Production de déchets

- Mettre en place un système de récupération et de tri des divers déchets
- Étudier la faisabilité de la mise en place d'un système de compostage des déchets fermentescibles (alimentaires)

Déplacements

- Étudier la faisabilité du déploiement du télétravail
- Développer les e-formations
- Favoriser la visioconférence pour les réunions
- Encourager les déplacements professionnels en train
- S'équiper d'une flotte de véhicules peu polluants
- Rembourser intégralement le coût des transports en commun aux salariés (pour l'instant, la loi oblige les entreprises à les rembourser à hauteur de 50 %)
- Mettre en place une démarche de covoiturage
- Étudier la faisabilité de la mise en place de navettes pour récupérer les salariés à leur domicile et les conduire au travail
- Rendre accessible aux salariés une information ou une formation sur la conduite écologique
- Indiquer sur le plan d'accès de l'entreprise les transports en commun qui permettent d'y venir

Éclairage

- Utiliser des ampoules LED ou basse consommation
- Équiper certains éclairages de ballasts électroniques, qui permettent d'augmenter le rendement des lampes fluorescentes

- Identifier les zones où installer des dispositifs d'extinction automatique et installer des détecteurs de présence dans les sanitaires ou les zones de circulation peu fréquentées
- Diminuer le nombre de luminaires dans certaines zones (par exemple les couloirs)

Chauffage et climatisation
- Régler la température des radiateurs à 20 °C et la baisser pour la nuit
- Mettre en place un automate de gestion
- Poser des filtres solaires sur les vitres des bâtiments
- Rénover le système de climatisation

Gestion de l'énergie
- Effectuer un audit énergétique, intégrer les résultats des diagnostics de performance énergétique (PDE) dans la politique immobilière globale puis suivre les consommations énergétiques
- Étudier la mise en œuvre d'un fond interne destiné à l'efficacité énergétique
- Étudier la faisabilité de l'installation de panneaux photovoltaïques ou d'éoliennes sur le site de l'entreprise
- Se fournir auprès d'un fournisseur d'électricité verte
- Étudier l'acceptabilité de la réduction de la température de l'eau des sanitaires

- Mettre en place des GTB (gestion technique de bâtiment). Ces systèmes informatiques permettent de contrôler et surveiller les différents équipements électriques d'un bâtiment afin d'en optimiser la gestion.

Visiter un éco-bureau

Depuis 2010, Konica Minolta organise chaque première quinzaine de février à Paris les **journées du bureau éco-responsable**. L'édition 2013 a été marquée par la mise en place d'un éco-bureau type permettant d'appliquer concrètement certains des éco-gestes – comme l'impression responsable, le recyclage des consommables, l'utilisation du papier 100 % recyclé, la dématérialisation des documents, le nettoyage écologique, le tri des déchets, l'équipement des bureaux avec du mobilier éco-conçu, la réduction de la facture énergétique...
Des **solutions très concrètes** ont été présentées aux professionnels pour faciliter la mise en place de solutions écologiques sur le lieu de travail. Par exemple, AVOB, un éditeur de logiciels spécialisé dans la gestion énergétique, a développé un logiciel inédit : AVOB Building Energy Viewer. L'idée est de placer dans les bureaux des sondes qui mesurent la luminosité et la température du lieu. Elles peuvent aussi cartographier les bâtiments afin de détecter ceux qui restent éclairés, chauffés ou climatisés en dehors des horaires d'occupation.

Réflexions pour les chefs d'entreprise

« L'enjeu n'est pas seulement de convaincre les acteurs économiques de devenir vertueux. Il est de **reconstruire des filières** répondant à nos besoins fondamentaux - se loger, se nourrir, se vêtir, se déplacer... - **qui ne soient plus destructrices de notre environnement**. (...) Dans un moment où nos sociétés sont confrontées au chômage, la tentation est forte de sacrifier ce qui relèverait du "long terme", c'est-à-dire de l'environnement, au nom de la priorité à donner à l'emploi et donc aux politiques de relance de l'activité. Ce raisonnement n'est pas acceptable. Il faut dès à présent intégrer dans une même politique les objectifs de long terme et ceux du court terme. L'écologie n'est pas l'ennemie de l'emploi, ni du mieux-vivre pour tous. Elle en est la condition », explique Philippe Frémeaux, président et éditorialiste d'Alternatives économiques, dans l'avant-propos de l'ouvrage *Entreprises, relevez le défi de la biodiversité*.

L'enjeu est d'autant plus grand qu'en 2010, seulement 2 % des entreprises mondiales avaient commencé à réfléchir à la biodiversité. Pour arriver à « verdir » durablement l'économie, les **entreprises devront à l'avenir relever plusieurs défis :**

- **un défi technologique** : il s'agit d'engager les entreprises dans la voie de l'ingénierie écologique, l'écologie industrielle, l'éco-conception, etc. ;

- **un défi culturel** : il s'agit de repenser le rapport des entreprises au monde vivant, ce qui implique de comprendre ses liens de dépendance et ses impacts sur l'environnement ;
- **un défi institutionnel** : il s'agit de repenser la fiscalité, le droit et les normes qui pourraient encadrer les activités des entreprises afin de les contraindre à s'engager dans la voie de la transition vers une économie plus respectueuse des écosystèmes.

Actuellement, au niveau mondial et européen, les entreprises sont aussi incitées à s'engager dans la voie de la **Responsabilité sociétale des entreprises** (RSE), définie par la Commission européenne comme un « concept dans lequel les entreprises intègrent les préoccupations sociales, environnementales et économiques dans leurs activités et dans leurs interactions avec leurs parties prenantes sur une base volontaire ». Mais, bien entendu, le volontariat a ses limites...

Cependant, la France a fait de la RSE son nouveau cheval de bataille. En 2001 déjà, l'article 116 (intégré au Code de commerce) de la loi sur les nouvelles régulations économiques (NRE) avait prévu que les entreprises cotées en Bourse devraient indiquer dans leur rapport annuel une série d'informations relatives aux conséquences sociales et environnementales de leurs activités. La RSE fait également partie de la Stratégie nationale de développement durable (SNDD) 2010-2013, qui « vise, en développant une économie sobre en ressources naturelles et décarbonée, à faire de la France un des acteurs majeurs de l'économie verte ».

La Journée de la gentillesse

Rappelons que le développement durable ne concerne pas uniquement les économies d'énergie ou le recyclage du papier. En 1992, le Sommet de la Terre à Rio de Janeiro, tenu sous l'égide des Nations unies, a officialisé la notion de développement durable et celle des **trois piliers : un développement économiquement efficace, socialement équitable et écologiquement soutenable**.

Dans cette perspective, le magazine *Psychologies* a lancé le 13 novembre 2009 la Journée de la gentillesse pour **promouvoir une société plus harmonieuse** et nous sensibiliser aux bienfaits qu'apporterait un surcroît de lien social et de solidarité.

Un appel à plus d'humanité au travail a également été **signé à ce jour par plus de 300 entreprises**, comme Allianz, la Brink's, la CFDT, Coliposte, EuroDisney, Ferrero, Groupama, HSBC France, Lagardère Active, Le Petit Marseillais, Manpower, Pepsico, Pierre et Vacances/Center Parcs, Pôle Emploi ou encore Sodexo France.

Les mesures préconisées par cet appel se répartissent en trois catégories : **donner du sens au travail de chacun, développer la qualité des relations et le mieux-vivre ensemble, et veiller au bien-être des individus**. Il peut s'agir, par exemple, de reconnaître la valeur du travail fourni en remerciant, encourageant ou valorisant aussi bien la performance collective qu'individuelle. Cela peut aussi se traduire par le fait de ne pas donner aux collaborateurs des objectifs impossibles à atteindre ou des instructions paradoxales, qui augmentent le stress, et de leur confier des missions en accord avec leurs capacités et leurs aspirations afin qu'ils se sentent bien dans leur travail. Il conviendrait également de mieux prendre en compte les émotions dans le management, d'accepter le droit à l'erreur et de traiter les clients et les fournisseurs avec respect et sollicitude. Enfin, pour veiller au bien-être des individus, l'équilibre entre vie privée et vie professionnelle devrait être favorisé par la flexibilité des horaires ou le télétravail, ainsi que par la suppression des réunions, des appels ou des envois de mails en dehors du temps de travail.

TRAVAILLER DANS L'ÉCOLOGIE

En 2009, le **Pacte de solidarité écologique**, considéré comme le pilier social du Grenelle de l'environnement, a identifié onze secteurs comme étant les plus concernés par les emplois « verts » : les transports, l'automobile, les énergies renouvelables, l'eau-assainissement-déchets-air, les métiers du bâtiment, l'agriculture et les forêts, les systèmes éco-électriques, le raffinage-carburants-chimie-verte, le tourisme, les métiers de la mer et la biodiversité-services-écologiques. Et ce même Grenelle de l'environnement a promis la création de 535 000 emplois « verts » (235 000 dans le bâtiment, 220 000 dans les énergies renouvelables et 80 000 dans le transport).

Selon les données les plus récentes disponibles auprès du ministère de l'Écologie, du Développement durable et de l'Énergie, **les éco-activités représentaient 452 600 emplois équivalent temps plein en 2010**. Elles se répartissent en trois domaines : la protection de l'environnement (267 700 emplois), la gestion des ressources comme l'eau ou l'énergie (125 100 emplois) et les activités transversales d'ingénierie ou de recherche et développement (59 800 emplois).

Trouver un emploi vert

Pour les personnes intéressées, le magazine *L'Étudiant* organise chaque année le **Salon des formations et des métiers de l'environnement** à Paris. C'est une occasion pour les lycéens et les étudiants, mais aussi leurs parents, d'échanger avec des professionnels et de découvrir les formations, les établissements d'enseignement spécialisés, les entreprises concernées, les institutions, les nouveaux métiers, etc., créés par ce jeune secteur.

L'Étudiant a également publié un guide intitulé *Les Métiers de l'environnement et du développement durable*. Il répond à des questions telles que : « Je souhaite travailler dans la nature, comment faire ? » ; « Peut-on travailler dans l'environnement sans le bac ? » ; « Je suis faible en maths, que faire ? » ; « Quelles sont les études courtes qui donnent accès rapidement à un métier ? » ; « Y a-t-il des écoles gratuites ? » ; ou encore « Quels sont les métiers auxquels on ne pense pas toujours ? ». Vous y apprendrez par exemple qu'avec un niveau BTS (Brevet de technicien supérieur), le salaire tourne autour de 1 300 euros nets par mois. Les ingénieurs peuvent, quant à eux, espérer au moins 2 000 euros par mois, voire bien plus. Cependant, pour les métiers de l'environnement qui ne nécessitent pas ou peu de qualifications, soit les trois quarts, le salaire sera moins élevé que ceux cités précédemment.

Pour **trouver un emploi ou un stage** dans le domaine de l'environnement, vous pouvez consulter l'un des sites spécialisés suivants (liste non exhaustive) :

- **la plate-forme Emploi Environnement** (www.emploi-environnement.com) propose plus d'un millier de postes, essentiellement d'ingénieur ou de technicien, mais aussi parfois dans la communication ;
- **la plate-forme Greenjob** (www.greenjob.fr) propose uniquement des postes d'ingénieur, de technicien ou de chargé de mission ;
- **le site des parcs naturels régionaux** (www.parcs-naturels-regionaux.tm.fr) recense des offres dans le domaine de la protection de la nature, dans des parcs naturels régionaux bien sûr, mais aussi dans de nombreuses associations ;
- **le site Internet des parcs nationaux** (www.parcsnationaux.fr). Les postes sont à pourvoir uniquement au sein de l'un des dix parcs nationaux français ;
- **le ministère de l'Écologie, du Développement durable et de l'Énergie** recrute chaque année des fonctionnaires sur concours : www.concours.developpement-durable.gouv.fr.

DERNIERS CONSEILS PRATIQUES

- **Évitez de recourir aux coursiers** pour l'envoi du moindre bout de papier, car cela met en circulation un véhicule (polluant) de plus. Les courses urgentes ou exclusives devraient rester exceptionnelles, à moins d'avoir recours à un coursier écolo qui se déplace à vélo !
- Pour ceux qui doivent se rendre à l'aéroport d'Orly ou Charles-de-Gaulle en taxi, optez pour les **taxis partagés WeCab** de la société G7 (la seule sur ce créneau pour l'instant) afin de diminuer votre empreinte écologique. Le principe : vous réservez un taxi à l'heure qui vous convient, et la société se charge de trouver des passagers avec qui vous le partagerez. De plus, vous pourrez économiser jusqu'à 40 % sur une course.
- Pensez à **éteindre systématiquement les équipements électriques** (ordinateur, photocopieur, cafetière, etc.) avant de quitter votre bureau le soir. Car même en veille, les appareils continuent à consommer de l'énergie.

À lire et à voir

Pour vous informer de l'actualité de votre secteur et de son évolution dans le domaine environnemental, nous vous conseillons de lire régulièrement l'un des deux médias suivants.

Actu Environnement (presse écrite)
Site Internet et magazine mensuel payant sur l'actualité professionnelle du développement durable. L'onglet « Réglementation » sera très utile à tous ceux qui suivent l'évolution des textes réglementaires.
www.actu-environnement.com

Le Journal de l'Environnement (Internet)
Ce site Internet payant propose chaque jour des informations environnementales, sous l'angle industriel, sur diverses thématiques : air, eau, déchets, climat, risques & santé, sites & sols, énergie, politique & société.
www.journaldelenvironnement.net

Planète Bureau (vidéo web)
Des épisodes humoristiques de trois minutes qui sensibilisent avec humour les entreprises et les organisations au développement durable.
http://planete-bureau.fr

Agence du don en nature (ADN)

Cette agence collecte les invendus non alimentaires des grandes entreprises, les stocke et les distribue à son réseau de 350 associations de lutte contre l'exclusion sociale qui accompagnent près de 500 000 personnes démunies en France, comme le Secours populaire, l'Armée du Salut ou le Secours catholique.

www.adnfrance.org

Association française du télétravail et des téléactivités

Pour tout savoir sur le télétravail, des aspects pratiques aux plus juridiques.

http://aftt.asso.fr

Écofolio

Organisme en charge de la collecte et du recyclage des papiers en France. Vous trouverez sur son site Internet des informations pour les entreprises et les collectivités.

www.ecofolio.fr

Écoresponsabilité

Le guide en ligne des achats publics éco-responsables.
www.ecoresponsabilite.environnement.gouv.fr

Eco-systèmes

Organisme agréé pour la collecte et le recyclage des appareils électriques et électroniques usagés.
www.eco-systemes.fr

Signer l'appel à plus de bienveillance au travail

http://journee-de-la-gentillesse.psychologies.com/

5

SE DISTRAIRE

Les Français disposent de plus en plus de temps libre : en 2010, les salariés ont pris en moyenne six semaines de congés. Sans parler de la hausse du chômage, qui accorde du temps libre « forcé » aux sans-emploi. Selon l'Insee, les dépenses culturelles et de loisirs représentaient 8,4 % de la consommation des ménages en 2011. Les services culturels (cinéma, spectacles vivants, musées, abonnements audiovisuels – y compris redevance TV) arrivaient en tête de ces dépenses, suivis par le jardinage et les animaux de compagnie, puis par la presse et les livres (en baisse), la télévision, la musique, les articles de sport...

Un Français sur deux pratique au moins une activité sportive dans l'année. Certaines, telles que le sport en salle, ont connu une expansion phénoménale. Inexistants dans nos villes au début des années 1980, les centres de fitness et autres clubs de forme comptent aujourd'hui 10 000 structures. Ces dernières représentent un symbole de la mutation de l'industrie des loisirs qui s'est mise en place au cours des trente dernières années, en général sans la moindre considération écologique.

Ce phénomène est en train de changer avec la prise de conscience écologique des urbains. Ainsi, les nouveaux clubs de forme récupèrent l'énergie dépensée par les utilisateurs, par exemple sur les vélos d'intérieur, pour la transformer en kilowatts et produire de la sorte leur propre électricité. Sans doute un argument commercial « vert », pour que les adhérents n'aient pas trop mauvaise conscience à payer pour suer, mais qui révèle bien les préoccupations dans l'air du temps. Et puis, bonne nouvelle pour la nature, la promenade reste le loisir le plus pratiqué par les Français, après la pratique d'un instrument de musique. De plus en plus d'urbains souhaitent utiliser leur temps libre pour se reconnecter avec la nature et toute une palette d'activités est en train de se mettre en place dans cette perspective. C'est ce que nous allons voir dans ce chapitre.

MANIFESTATIONS CULTURELLES

Les festivals de musique

Les festivals de musique commencent à distiller la pensée écologique depuis quelques années. Le festival **We Love Green**, qui se déroule à la mi-septembre à Paris, au parc de Bagatelle, utilise du mobilier fabriqué à partir de matériaux récupérés, qui est ensuite donné à d'autres professionnels du spectacle vivant ou vendus aux festivaliers. Il est alimenté en énergie solaire, utilise des toilettes sèches pour économiser l'eau, des « brigades vertes » assurent le tri des déchets et les participants sont invités à venir en covoiturage. En trois années d'existence, ce festival est devenu très populaire et accueille des artistes de grande renommée, comme Django Django, Norah Jones, Camille, le groupe anglais Klaxons ou encore Charlotte Gainsbourg. Entre les concerts, la chaîne de télé Arte propose des rencontres et des échanges avec des acteurs clés du développement durable, comme Cyril Dion, directeur de l'ONG Colibris.

De gros festivals, comme les **Eurockéennes de Belfort**, apportent désormais une bonne touche d'écologie dans leur organisation – tri des

Jusqu'en 2003, la presse, les livres et la papeterie arrivaient en tête des dépenses culturelles des Français, représentant, à certaines périodes, plus du quart de ce poste. Aujourd'hui, ce secteur est en régression.

déchets, gobelets réutilisables, toilettes sèches, covoiturage.

Mais certains festivals vont bien plus loin dans la démarche, tel le **Boom Festival**, qui existe depuis 2002 et qui se déroule dans la ville d'Idanha-a-Nova, au centre du Portugal. Outre les préoccupations écologiques de base, les générateurs d'énergie servant à charger appareils photos et portables fonctionnent avec l'huile végétale utilisée en cuisine. Et comme rien ne se perd, tout se transforme, les toilettes sèches du **festival du Bout du monde** (sur la presqu'île de Crozon, en Bretagne) aliment ensuite le compost dont se servent les agriculteurs locaux – car le déchet peut devenir une matière première.

Les festivals de films

Le **Festival international du film d'environnement** (FIFE) existe depuis trente ans à Paris. En 2013, 145 films et webdocumentaires du monde entier ont été proposés au grand public, sous le parrainage de Rajendra Pachauri, président du Groupe d'experts intergouvernemental sur l'évolution du climat (GIEC). Le FIFE est aussi un lieu de débats. En marge des projections de films, des réflexions sont menées sur, par exemple, l'aménagement du territoire urbain ou l'impact de l'agriculture sur notre alimentation.

Pour ceux qui sont plus canapé que sorties en ville, voici le premier festival on line du documentaire environnemental, le **Green Up Film Festival**. Pendant quinze jours, les internautes ont eu accès gratuitement à 26 documentaires pour s'informer sur les énergies renouvelables, la finance solidaire, la mobilité douce ou encore la consommation responsable. La Fondation GoodPlanet de Yann Arthus-Bertrand et le Programme des Nations unies pour l'environnement ont été partenaires de cette première édition, qui a eu lieu en octobre 2012.

Le Festival du livre et de la presse d'écologie

En 2003, à Paris, est né de façon informelle un Festival du livre d'écologie dans le XVIIIe arrondissement, suite à la rencontre de professionnels de la culture et de militants écologistes. Depuis, cette association organise chaque automne à Paris un **salon du livre thématique**, qui a trois objectifs principaux : la promotion du livre et de l'écrit ; l'information, la sensibilisation et l'éducation à l'environnement ; la présentation au public des différents acteurs de l'écologie (ONG, structures de presse et de l'édition).

Livre, liseuses ou tablettes : quel est le plus « vert » ?

Voilà la question à laquelle le cabinet Carbone 4 a répondu en 2011 pour Hachette Livre. Le bilan de l'étude, publié dans *Les Échos* du 7 décembre 2011, est sans appel : les émissions en kilogrammes équivalent carbone d'un livre papier sont de 1,3 kg, tandis que **le poids carbone de la fabrication d'une tablette ou d'un e-book peut être cent fois supérieur**. Cependant, l'étude pointe que « d'un point de vue écologique, un livre électronique est compétitif pour les très gros lecteurs, c'est-à-dire s'il remplace l'achat de 40 à 60 livres. » Or les Français achètent moins de cinq livres par an, en moyenne.

ÉCOLO, LE NUMÉRIQUE ?

Connaissez-vous la recette pour fabriquer un ordinateur de bureau doté d'un écran cathodique ? Prenez 240 kg de combustible fossile, ajoutez 1 500 litres d'eau et mélangez avec 22 kg de produits chimiques. C'est prêt ! Pour faire grimper votre empreinte écologique, vous n'avez plus qu'à en acheter un neuf dès qu'une nouveauté est commercialisée. On comprend mieux pourquoi **l'empreinte carbone des nouvelles technologies de l'information et de la communication** (NTIC) est équivalente à celle du secteur de l'aviation civile sur une année.

Lutter contre l'obsolescence programmée

Le concept d'obsolescence programmée serait **apparu en 1932**, en pleine crise économique. Un courtier américain en immobilier, Bernard London, a rédigé dans son livre *The New Prosperity* (1934) un chapitre dans lequel il constatait qu'en temps de crise, les Américains cessaient de se débarrasser de leurs objets avant qu'ils ne soient hors d'usage. Un comportement allant à l'encontre de la « loi d'obsolescence ». L'expression d'obsolescence programmée a ensuite été popularisée dans les années 1950 par le designer industriel Brooks Stevens, qui déclarait qu'il fallait sans cesse renouveler les produits en lançant de nouvelles modes.

En 2009, une étude d'un physicien de l'université de Harvard a montré que **deux petites recherches sur Google** généraient 14 g de carbone, soit quasiment **l'empreinte d'une bouilloire électrique** (15 g). Deux ans plus tard, la firme a riposté en publiant sa propre étude : une centaine de recherches sur Google émettraient 20 g de carbone, soit la même quantité que pour produire une cuillerée et demie de jus d'orange. Ajoutons aussi que selon Carbon Footprint, un cabinet d'expertise environnementale britannique, un ordinateur allumé consomme entre 40 et 80 g de carbone par heure.

Aujourd'hui, les fabricants de nouvelles technologies **mettent à dessein sur le marché** des produits dont la durée de vie a été volontairement limitée. Le but ? Contraindre le consommateur à les racheter quelques années, voire quelques mois, plus tard. Pour lutter contre ce phénomène, l'Ademe propose par exemple, pour les téléphones portables, d'obliger les fabricants à mettre sur le marché des produits réparables en fournissant les pièces détachées pendant dix ans.

Car le problème est que cette fièvre acheteuse (il se vend 54 téléphones portables chaque seconde dans le monde, soit 1,7 milliard par an selon les chiffres du site internet Planetoscope) fait exploser la consommation des ressources naturelles minières et énergétiques. Ce qui détruit les écosystèmes, déplace des populations, crée des conflits et engendre des pollutions chimiques. Pour lutter vous-même contre l'obsolescence programmée, vous pouvez **réparer vos appareils** grâce aux astuces disponibles sur le Net (par exemple sur le site Comment Réparer).

Un nouveau réseau social écolo

Puisque vous faites, de toute façon, grimper vos émissions de carbone en passant des heures sur Facebook, LinkedIn ou Twitter, pourquoi ne pas vous inscrire sur **Newmanity, un nouveau réseau social écolo et solidaire** très en vogue ? Il est spécialement dédié aux personnes qui aspirent à une société plus humaine, plus écologique et plus responsable. Bien sûr, comme tout réseau social qui se respecte, Newmanity permet de partager vos expériences et vos questionnements, mais aussi vos bons plans et vos bonnes pratiques en matière de développement durable. Sur la page d'accueil, vous trouverez un calendrier des événements proposés par les membres partout en France.

Vous pouvez aussi **privilégier le circuit de l'occasion**, en plein essor (Cash Express ou Le Bon Coin). Sachez également que les opérateurs téléphoniques vendent, eux aussi, des produits de seconde main, garantis parfois jusqu'à six mois.

Enfin, chaque année, en décembre, le **festival Make It Up** de l'obsolescence reprogrammée à Saint-Ouen réunit des designers, des artisans, des artistes numériques et des créateurs afin d'imaginer les objets de demain. L'idée? Mettre un terme aux équipements électroniques non réparables et à fin de vie prématurée, aux meubles fragiles, au prêt-à-porter éphémère et aux accessoires jetables. Étaient présentés par exemple le prototype d'un broyeur transformant le papier en matériau de construction, ainsi qu'un grille-pain recyclé qui, grâce à un dispositif spécial, permet d'imprimer des messages sur les toasts, y compris via un smartphone.

LE SPORT

La France compte **34 millions de pratiquants sportifs** de plus de 15 ans et organise près de 2,5 millions de manifestations sportives chaque année. Tout cela a un impact environnemental:

déplacement des athlètes, déchets produits sur les sites sportifs, restauration bien souvent industrielle, tonnes de papier imprimé à chaque manifestation, fabrication de tee-shirts et autres objets souvenir, éclairage et/ou chauffage des installations sportives et, bien sûr, construction de toujours plus d'infrastructures, parfois à peine réutilisées. Par exemple, le Tour de France génère en trois semaines 12 000 tonnes de déchets. Ceux des spectateurs bien sûr, mais aussi les jets quotidiens de bidons par les cyclistes en pleine nature, sans oublier les 16 millions de produits promotionnels distribués par la caravane publicitaire. Cependant, le sport et l'écologie ne sont heureusement pas antinomiques.

Courir écolo

Plutôt que de vous enfermer dans une salle de sport ultra consommatrice en énergie, vos écouteurs sur les oreilles, pourquoi ne pas vous entraîner gratuitement en avalant les kilomètres dans les parcs de votre ville ? Une façon de vous préparer aux courses organisées en plein cœur de la ville, comme **l'Écotrail de Paris**, qui a lieu depuis quelques années à la mi-mars. Pour les plus aguerris, des parcours de 80, 50, 30 ou 18 kilomètres ont été prévus ; pour les néophytes, de la marche nordique ou de la randonnée. Lors de l'édition 2012, une tonne de déchets a été évitée grâce à diverses réductions à la source (inscriptions sur internet plutôt que sur papier, quasi-suppression des gobelets pour le ravitaillement, réduction de la taille des enveloppes dossards, etc.) L'Écotrail permet surtout d'allier histoire et nature : les parcours passent par exemple par la forêt domaniale de Versailles, le Domaine national de Saint-Cloud ou encore l'île Saint-Germain. Vous pouvez aussi rejoindre les rangs des coureurs du **marathon de Paris** qui dispose de « Brigades du développement durable », les BDD. Lors de l'édition 2011, 225 bacs jaunes ont été installés sur le parcours afin de faciliter le ramassage des bouteilles et autres emballages reyclables, directement acheminés ensuite vers les centres de tri.

Certaines salles de sport sont devenues écolos en s'équipant de machines d'entraînement qui fonctionnent **grâce à l'énergie** générée par les utilisateurs en pédalant, en courant, en ramant, etc. Pas en France malheureusement, mais dans certains pays comme la Nouvelle-Zélande. D'autres ont installé sur leurs machines un **générateur** qui récupère l'énergie pour illuminer la salle – c'est le cas du California Fitness Club à Hong Kong.

Nager sans chlore

Les éco-piscines municipales sont en plein essor. L'idée est d'utiliser **l'ozonation**, un procédé à fort pouvoir désinfectant, qui permet à l'eau de la piscine d'être très faiblement chlorée. Au final, les baigneurs ne souffrent plus d'irritation des yeux et les maîtres nageurs sont moins susceptibles d'être victimes de maladies respiratoires ou de problèmes de peau liés à une exposition prolongée au chlore. Côté environnement, l'ozonation a une action très rapide sur les bactéries et les virus. Elle ne laisse pas de traces dans l'eau, contrairement au traitement au chlore, et ne nécessite aucun transport de produits chimiques.

La navigation douce

Canoë, kayak, stand-up paddle, planche à voile, surf, il existe de nombreux moyens de se déplacer sur l'eau sans trop polluer. À Paris, **l'association Espaces** organise chaque année, de début mai à fin septembre, des balades solidaires sur la Seine en catalante, un bateau à fond plat, spécialement conçu pour produire un minimum de vagues – lesquelles, habituellement, détruisent les berges du fleuve. Vous passerez devant les vestiges des usines Renault sur l'île Seguin ou les jardins ouvriers de l'île Saint-Germain. Les six éco-bateliers qui accueillent le public sont tous en contrat aidé d'insertion et regroupés en deux équipes de trois personnes. Ils alternent les rôles : capitaine, matelot ou commentateur.

Si vous possédez votre propre bateau, sachez que de nouvelles techniques permettent d'en **nettoyer la coque de façon écologique**. Les méthodes classiques, comme les peintures antifouling, qui évitent aux algues et aux coquillages d'y adhérer, sont très toxiques. Parmi les techniques alternatives, la société Harsonic vend un appareil ultrasonique à fixer sur la coque du bateau. Il diffuse automatiquement des ultrasons à haute fréquence autour de celle-ci, ce qui évite que les algues et les coquillages y adhèrent. De son côté, la société Oceoprotec propose un antifouling sans solvant et sans aucune substance chimique. Autre technique intéressante : la société Bioboat propose une unité de traitement et un produit de décapage biologique et biodégradable, fabriqué avec des polymères végétaux. Il s'agit d'aspirer les résidus de peintures toxiques des coques de bateaux pour les stocker et les remettre ensuite à un acteur de la filière des déchets industriels spéciaux.

Du golf sur terrain vert

L'organisme de certification Écocert a mis en place en février 2011 le **label « Golf écodurable »**.

Il est attribué aux golfs dont les parcours sont entretenus sans produits chimiques et où l'eau est économisée (l'entretien d'un golf classique peut nécessiter plus de 3 000 m^3 d'eau et 1,5 kg de fertilisants chimiques par hectare et par an). Le **golf de Téoula** à Toulouse a été le premier à obtenir ce label après avoir diminué de 30 % sa consommation d'eau et de 50 % l'usage de produits phytosanitaires. Autre démarche intéressante, le **Golf National**, à Guyancourt dans les Yvelines, a réalisé en 2007, en collaboration avec le Muséum national d'histoire naturelle, un inventaire de la biodiversité présente sur le parcours. Et surprise, 782 espèces animales et végétales ont été recensées. Reste que pour l'instant, les démarches vertes se comptent sur le bout des doigts de la main.

Une prime pour les vélos électriques

Les longues balades sur pistes cyclables vous tentent ? Il y a de quoi : elles réservent de belles surprises, comme celle qui, à deux pas de la station de RER de Neuilly-Plaisance, vous permet de pédaler de longues heures le long de la Marne au chant des oiseaux.

Si le courage ou la forme vous fait défaut, sachez que vous pouvez obtenir jusqu'à 400 euros de **subvention pour l'achat d'un vélo à assistance**

« Le top 5 des villes où il fait bon pédaler »

Entre janvier et mars 2013, le magazine Terra Eco a envoyé un questionnaire à 40 villes et agglomérations françaises. Les journalistes ont ensuite établi un classement des villes selon « le kilométrage d'aménagements cyclables, la qualité de ces derniers (les pistes, contresens et couloirs de bus ouverts aux vélos ont été primés), les aménagements aux carrefours et pour le stationnement, la taille de l'éventuel réseau de location de vélos, la politique d'incitation à la pratique... Ces données ont été pondérées en fonction de la taille et du nombre d'habitants des villes. » Au final, Strasbourg, Bordeaux, Toulouse, Nantes et Grenoble sont en tête de classement.

www.terraeco.net/Le-top-5-des-villes-ou-il-fait-bon,49017.html

électrique auprès de la majeure partie des collectivités françaises. Concrètement, il vous faut d'abord repérer puis acheter le vélo qui vous intéresse ; ensuite, il suffit de remplir un formulaire de demande de subvention, à renvoyer accompagné des pièces justificatives. Les particuliers et les professionnels (commerçants, artisans, réparateurs, coursiers ou livreurs) peuvent en bénéficier. Et si vous souhaitez pousser la démarche écolo plus loin et acheter un vélo français, sachez que Cybien conçoit et fabrique ses vélos en France. Citons aussi le VLec, un vélo électrique pliable d'à peine 9 kg, fabriqué à

Champagnole dans le Jura. Mais n'oubliez pas que l'énergie la plus durable est musculaire et que même un vélo à assistance électrique est alimenté par de l'énergie nucléaire...

CUISINER SES PROPRES LÉGUMES

Non seulement jardiner permet de se sentir toujours en vacances, mais c'est bon pour le cœur... Des chercheurs écossais ont montré qu'**habiter à proximité d'un espace vert de plus de 10 m² permettrait de réduire les risques de maladies cardio-vasculaires !** Le jardinage est aussi une façon de manger sainement sans se ruiner, surtout si vous cultivez vos fruits et légumes sans pesticides.

Bien sûr, en ville, il est rare d'avoir son propre jardin ou même un balcon où faire pousser quelques légumes et herbes aromatiques en pot. Heureusement, de plus en plus de villes mettent à disposition de leurs habitants des jardins partagés, où chacun a sa petite parcelle de terre. Pour en trouver un près de chez vous, vous pouvez consulter le site Internet **Jardinons ensemble**, qui recense les jardins partagés en Île-de-France, ou celui du **Jardin dans tous ses états**, sur lequel vous trouverez les contacts de correspondants régionaux. Enfin, pour apprendre à cultiver sans pesticides, sachez que chaque année vers la mi-mars depuis 2006, se déroule la **Semaine pour les alternatives aux pesticides**. Des conférences-débats, des ateliers, des projections de films, des visites, des démonstrations, des expositions, des animations pédagogiques, des fermes ouvertes ou encore des spectacles vous permettront d'aborder cette thématique. Au fil des années, cet événement est même devenu international : il est aujourd'hui organisé en Europe (Belgique, Royaume-Uni, Allemagne, Suisse, Espagne, Slovénie), en Afrique (Bénin, Burkina Faso, Cameroun, Mali, Ouganda, Sénégal, Togo, Maroc, Congo, Tanzanie), au Canada, au Tadjikistan, à l'île Maurice et en Géorgie.

Une encyclopédie du jardin en ligne

Pour tout savoir sur la saisonnalité et les conditions de culture des fruits, légumes, plantes et fleurs, nous vous conseillons de consulter **Écopousse**, une encyclopédie du jardin en ligne, qui propose des **centaines de fiches**. Sur chacune d'entre elles, vous trouverez la description du végétal concerné, une photo, mais aussi ses atouts nutritionnels, son mode de conservation, les dates de semis et de plantation, ainsi que le début et la fin de la récolte.

Notez que cette encyclopédie est **participative**. Vous pouvez proposer du contenu et même obtenir des conseils de jardiniers. Écopousse est également une plateforme de **mise en relation** des producteurs locaux et des consommateurs afin de trouver des produits fermiers près de chez vous.

Des cours de cuisine bio

Après avoir cultivé votre parcelle de jardin partagé ou fait pousser vos légumes sur votre balcon, pourquoi ne pas apprendre à cuisiner bio ? L'occasion de découvrir, ou de redécouvrir, les légumes anciens, les graines ou le tofu. Voici quelques adresses : l'ABelleBio à Martillac en région bordelaise, Cuisine et découvertes à Chatelaillon en Charente-Maritime, Super Naturelle à Paris ou encore Whats For Dinner à Paris et à Niort. Il faudra débourser au minimum 20 euros par heure de cours de cuisine bio. En comparaison, une heure de cours de cuisine classique à l'Atelier des Chefs coûte 38 euros. Si apprendre à cuisiner reste cher, les cours de cuisine bio sont dans la moyenne des prix pratiqués.

ÉCOUTER LA NATURE

Ce n'est pas parce que l'on vit en ville que l'on vit sous cloche : même au-dessus d'une grande avenue, la nature ne demande qu'à reprendre ses droits.

Des gazouillis sur son balcon

Votre balcon pourrait bien devenir un petit paradis pour la biodiversité. À l'occasion de son centenaire en 2012, la Ligue pour la protection des oiseaux (LPO) a lancé le programme **« Mon balcon est un refuge LPO »**. Pour 35 euros, l'association vous envoie un nichoir à mésanges, trois mini-guides pour bien aménager votre balcon et apprendre à reconnaître les oiseaux, ainsi que des codes d'accès vers le site participatif dédié.

Si vous aimez les plantes grimpantes telles que le lierre commun, les clématites, le chèvrefeuille des haies ou des bois, le houblon, la vigne ou la bryone, et si votre balcon est assez grand, vous pouvez y installer une pergola, mais aussi des hôtels à insectes, spécialement conçus pour l'hivernage des abeilles, des coccinelles et des chrysopes. Ces dernières se nourrissent de différents parasites, tels que les pucerons, les cochenilles farineuses, les aleurodes, les thrips ou les œufs d'acariens. Une bonne alternative aux pesticides chimiques ! Enfin, pensez aux oiseaux et installez des **mangeoires à boules de graisse**. Les aliments à base de graisse sont essentiels pour aider les oiseaux à passer l'hiver et maintenir leur température corporelle. Mais attention, le nourrissage des oiseaux doit intervenir uniquement en hiver, en période de grand froid et de gel, soit de mi-novembre à fin mars. Au printemps, la plupart des oiseaux changent de régime alimentaire et deviennent insectivores. En revanche, ils ont besoin d'eau tout au long de l'année. N'oubliez donc pas de disposer une coupelle d'eau sur votre balcon. Enfin, si vous avez des vitres sur la terrasse de votre balcon, pensez à y coller des stickers ou des **silhouettes anticollision**. Le reflet des vitres donne souvent aux oiseaux l'illusion d'un endroit où se poser, et leur transparence ne leur permet pas de prendre en compte cet obstacle invisible dans leurs déplacements. Chaque année en France, des centaines de milliers d'entre eux meurent après avoir heurté une vitre ; d'autres survivent, mais repartent avec des lésions internes.

Vous souhaitez trouver **une mission bénévole dans le secteur de l'environnement** ? Consultez toutes les offres en France sur le site Internet J'agis pour la nature. Vous pouvez aussi vous rendre sur Panda.org (en anglais) pour trouver une liste de missions à l'international.

Devenir un as de la flore grâce à son smartphone

Comme nous vous l'avons suggéré plus haut dans ce chapitre, les nouvelles technologies de l'information et de la communication peuvent avoir du bon, à l'instar de l'application gratuite PlantNet, développée par quatre grands instituts de recherche français : l'Inra, le Cirad, l'IRD et l'Inria. Elle permet d'identifier 800 espèces de plantes que l'on trouve couramment en France. Les chercheurs sont également en train de travailler sur une partie de la flore de l'île de la Réunion pour y intégrer la flore tropicale.

Le principe est très simple : vous vous promenez et voyez une plante. Prenez un détail en photo avec votre smartphone, soit une fleur, des feuilles, des fruits ou de l'écorce, puis lancez la recherche. En quelques secondes, l'application vous indiquera le nom de la plante avec des infos. Vous pouvez aussi partager vos photos et vos observations sur le réseau de PlantNet, ce qui permettra d'enrichir la base des observations. Sur le long terme, les scientifiques espèrent suivre l'évolution de la biodiversité en se basant sur vos témoignages, notamment la migration des espèces causée par le changement climatique. Les données recueillies permettront aussi d'étudier des plantes exceptionnelles ou menacées, ou encore les espèces invasives. C'est ce qu'on appelle la science participative.

UNE LIBIDO ÉCOLO ?

Sans aller jusqu'à honorer votre partenaire sur le lit de verdure des jardins publics (ce qui est considéré comme une exhibition sexuelle et donc passible d'un an de prison et de 15 000 euros d'amende, selon l'article 222-32 du Code pénal), vous pouvez adopter une attitude résolument écologique pour grimper au septième ciel sans (trop) faire monter le mercure de la planète.

Pour **les préservatifs**, préférez le **latex naturel**, meilleur pour l'environnement que ceux issus de la pétrochimie. Par exemple, la marque Mercurochrome commercialise un préservatif en latex issu du commerce équitable et certifié Fair Deal Trading. La matière première utilisée pour le fabriquer est issue de forêts d'Asie du Sud, gérées durablement. Autre marque à privilégier : l'anglaise French Letter qui propose, elle aussi, des préservatifs issus du commerce équitable, certifiés Fair Trade Dealing et FSC (Forest Stewardship Council). Ces préservatifs sont même biodégradables. Côté lubrifiants, certains sont aujourd'hui sans parabène et à base de sève pure d'arbre à kiwi, d'algues ou d'eau.

Adepte des **sextoys** ? La marque allemande Fun Factory fabrique des jouets pour adultes **munis**

d'un chargeur au lieu de piles. Leur durée de vie augmente ainsi de quelques mois à plusieurs années. Il existe également des simulateurs qui se rechargent grâce à l'énergie solaire, comme le Solar Bullet. Actuellement, la vraie bonne adresse où il n'y a quasiment que des jouets écolos, c'est le Passage du Désir, une chaîne qui compte quatre boutiques à Paris et une à Lille. Vous pouvez aussi trouver ce type de produits sur le site Internet de La Redoute. Mais côté énergie, le mieux reste peut-être d'utiliser un jouet manuel, comme les **sextoys en bois** de Bobtoys, fabriqués par un charpentier dans les Vosges, mais qui n'ont pas pour l'instant de label FSC ou PEFC, garant d'une gestion durable de la forêt.

Enfin, l'association norvégienne **Fuck For Forest** a lancé une initiative originale afin de financer ses propres projets de reboisement ou de récolter des fonds pour d'autres associations environnementales : elle a tout simplement ouvert un site Internet éco-pornographique auquel vous pouvez vous abonner pour visionner des photos et des vidéos érotiques. Vous pouvez également envoyer votre propre contribution afin d'alimenter le site. Sachez tout de même que l'association est parfois controversée. L'antenne néerlandaise du WWF a par exemple refusé les 15 000 dollars (environ 11 500 euros) que lui offrait Fuck For Forest pour des raisons morales.

FAIRE GARDER SES ENFANTS

Des crèches écolos

En 2009, une étude de l'association Santé Environnement alertait les parents en montrant que **l'air intérieur des crèches était un nid à pollution**. On retrouve par exemple du benzène dans l'air extérieur et les peintures, du formaldéhyde dans les agglomérés de bois, les mousses synthétiques et les peintures, et des phtalates dans les plastiques et donc les jouets. Heureusement, depuis quelques années, les **réseaux de crèches écolos** se développent, eux aussi, à grande vitesse, à l'image de Babilou, des Crèches 1, 2, 3 Soleil, d'Agapi ou encore de Bio Crèche. Il s'agit soit de crèches anciennes qui passent progressivement au bio, soit de nouvelles crèches entièrement éco-pensées dès leurs débuts. Par exemple, le bâtiment de la crèche municipale Hérold dans le XIXe arrondissement de Paris, inauguré en 2007, répond aux normes HQE (haute qualité environnementale). Des capteurs solaires assurent une partie des besoins en eau chaude, la végétalisation de la toiture permet de retenir l'eau de pluie ; à l'intérieur, les peintures sont sans solvants, les biberons garantis sans bisphénol A, les produits ménagers écolos et le linge en coton bio. Côté couches, la marque Love & Green de couches jetables, biodégradables et même compostables, est aujourd'hui présente dans 46 crèches, aussi bien publiques que privées.

Mentionnons aussi **l'Atelier méditerranéen de l'environnement** (AME), qui depuis 2006 regroupe sur toute la France 55 crèches engagées dans une démarche globale de développement durable et d'amélioration de la qualité de vie pour les enfants comme pour le personnel. Aujourd'hui, c'est au tour de Paris d'en faire l'expérience. Vingt crèches pilotes feront l'objet d'un diagnostic de leur chaîne de fonctionnement. Cela concerne par exemple la politique des achats des services centraux, les pratiques quotidiennes des personnels de crèche, la gestion des déchets, la qualité environnementale des bâtiments, etc.

Une nounou écolo

Vous êtes parents et vous souhaitez profiter de votre temps libre ? Mais vous êtes également très attentifs à ce que vos enfants mangent bio ou portent des couches lavables ? Et parfois, ça se complique avec la nounou qui n'est pas toujours sensible aux mêmes valeurs que vous ?

Dans ce cas, nous vous conseillons fortement ce nouveau site Internet, qui vous permettra de trouver une nounou écolo en quelques clics : **Nounou Nature**. Il a été créé par Rachel Dos Santos Haas, maman de deux petites filles et anciennement nounou à domicile. Son but : mettre en relation des nounous et des parents sensibles à l'environnement, en France, en Suisse, en Belgique et au Luxembourg.

Nounou Nature **fonctionne comme un annuaire classique, totalement gratuit**. Après inscription, vous sélectionnez le pays où vous habitez et le type de personne que vous recherchez (une nounou à domicile, une assistante maternelle, une crèche, etc.). Puis vous cochez les types de services qui vous intéressent : l'emploi d'aliments issus de l'agriculture biologique, l'utilisation de couches ou de lingettes lavables et de porte-bébés physiologiques ou encore une éducation non violente. Vous pouvez également trouver une personne qui, en plus, entretienne votre appartement avec des produits d'entretien écolo.

L'ANIMAL DOMESTIQUE, MEILLEUR AMI DE LA NATURE ?

La France est **championne d'Europe des animaux domestiques** : le pays en compte plus de 60 millions, et les Français leur consacrent 4,5 milliards d'euros par an. Plus d'un foyer sur deux possède un chat, un chien, un poisson rouge ou un rongeur. Ce secteur représente **20 000 emplois directs et indirects**. Si le sujet peut faire sourire, il est loin d'être neutre. Un comportement écologique peut concerner tout autant la nourriture que vous donnez à vos animaux que les soins de santé que vous leur prodiguez.

Remplir la gamelle de Médor

Le **marché de l'alimentation écologique** pour nos animaux de compagnie est en pleine expansion. Bien sûr, Félix ou Médor méritent des mets de qualité. Mais la démarche va au-delà : l'alimentation biologique est bénéfique pour l'ensemble de la planète. Elle permet à la fois de limiter l'utilisation de pesticides chimiques sur les cultures et d'assurer de meilleures conditions d'élevage pour les vaches, les poulets et les cochons. Preuve de ce dynamisme, en octobre 2012, les croquettes pour chats Exigence Sensia de Néodis ont reçu le trophée de bronze des Éco-trophées du cadre de vie 2012, organisés par le Groupe Jardinerie (les Éco-Trophées récompensent depuis 2008 toutes les entreprises exerçant une activité en France dans les domaines du jardin, de la motoculture, de la fleuristerie ou de l'animal de compagnie). Il s'agit d'une gamme dont les ingrédients sont produits en France (pour plus de 50 %) et issus de l'agriculture raisonnée (c'est-à-dire sans trop de pesticides). Ces croquettes contiennent même des matières premières naturelles, comme des algues vertes, de la vigne rouge, du romarin, de la chicorée, du miel, de l'acérola ou du yucca. Le tout dans des emballages 100 % biodégradable, issus de matières bio-compostables (amidon de maïs et cellulose), et fabriqués avec des encres et des colles à l'eau sans solvants.

On trouve également sur le marché florissant de l'écologie de la **litière biodégradable**, des aliments pour rongeurs, lapins, oiseaux et même poissons rouges. Pour les poissons d'aquarium, par exemple, la majeure partie des aliments traditionnels est élaborée à partir de farines de poissons victimes de surpêche. Or il existe désormais des aliments composés de sous-produits de la **pêche responsable** certifiée MSC, de protéines aquatiques, telles que les moules, et de protéines végétales sans OGM.

Leurs soins de santé

Vos animaux de compagnie peuvent, eux aussi, être **soignés de façon naturelle**. D'ailleurs, de plus en plus de particuliers préfèrent les médecines douces, comme **l'ostéopathie**, déjà largement utilisée pour soigner les troubles locomoteurs ou fonctionnels des chevaux de course. Elle peut aussi être utilisée pour déceler des dysfonctions avant qu'elles ne s'expriment cliniquement. Autre technique en vogue : **l'acupuncture**, d'ailleurs utilisée depuis plus de sept cents ans sur les chevaux en Chine. Cette pratique peut soigner les pathologies chroniques, les douleurs et même les troubles du comportement de nos animaux. Mentionnons aussi l'homéopathie, la phytothérapie (les soins par les plantes), l'aromathérapie (utilisation des huiles essentielles) et même des élixirs floraux comme les fleurs de Bach.

Pour ce qui est des puces, sujet sensible, la vétérinaire Marie-Christine Favé explique que les colliers antiparasitaires ne sont pas sans risques et que 73 d'entre eux ont même été retirés du marché par l'Agence nationale du médicament vétérinaire. À la place, vous pouvez masser vos animaux avec du **vinaigre blanc, des feuilles de menthe ou de la lavande**, dont les odeurs sont insupportables pour les puces.

Enfin, n'oubliez pas qu'un animal est en meilleure santé quand il peut avoir accès à la nature et gambader. Malheureusement, en ville, certains parcs sont interdits aux animaux de compagnie. N'hésitez pas à consulter votre mairie pour savoir où vous pouvez les promener.

DERNIERS CONSEILS PRATIQUES

- Lors de vos **voyages dans une ville étrangère**, renseignez-vous sur le tri sélectif mis en place par votre hôtel.
- Munissez-vous d'un sac plastique pour **ramasser les déjections** de votre animal de compagnie lorsque vous le promenez dans les rues.
- Rappelez-vous que **nourrir les pigeons est interdit**. L'article L.1311-2 du Code de la santé publique stipule qu'« il est interdit de jeter ou déposer des graines ou nourriture en tous lieux publics pour y attirer les animaux errants, sauvages ou redevenus tels », dans le but notamment de réduire les épidémies de grippe aviaire. L'amende s'élève à 183 euros minimum (jusqu'à 450 euros dans certaines communes). Un peu chère la miette de pain...

À lire, à voir, à écouter

Nous avons choisi de vous proposer dans cette section une petite liste, non exhaustive et par ordre alphabétique, de médias grand public ou pour enfants, spécialisés en environnement. Vous pourrez ainsi continuer à vous informer sur le sujet pendant votre temps libre.

Biocontact (presse écrite)
Ce magazine est distribué gratuitement à plus de 200 000 exemplaires par mois dans les magasins d'alimentation bio. Depuis peu, vous pouvez, pour 1 euro, lire le magazine numérique en ligne. Chaque numéro comporte un dossier conséquent sur une problématique liée au bio ou à l'environnement.
http://magazines.biocontact.fr

L'Oiseau magazine Junior (presse écrite)
La Ligue pour la protection des oiseaux (LPO) édite tous les trimestres ce magazine destiné au 7-12 ans passionnés par les oiseaux et la nature. Au menu : un dossier, des articles et des jeux.
www.lpo.fr/revues/revues

Kaizen (presse écrite)
Ce magazine, édité tous les deux mois, présente des initiatives 100 % positives qui préparent la société de demain.
http://kaizen-magazine.com

BioMood (presse écrite)

Ce nouveau magazine payant, qui sort en kiosque tous les deux mois, se veut féminin et éco-pratique. C'est donc une petite mine d'informations pour apprendre ou réapprendre les gestes écologiques au quotidien.

http://biomood.fr

Néoplanète (presse écrite)

Le magazine de ce tri-média est depuis peu distribué tous les deux mois dans le Nouvel Observateur Île-de-France. À chaque numéro, une personnalité parle de son engagement pour l'écologie. Le magazine peut être lu gratuitement en ligne. Un site Internet mis à jour quotidiennement et des podcasts le complètent.

www.neo-planete.com

La Petite Salamandre (presse écrite)

Tous les deux mois, cette revue propose aux enfants de 6 à 12 ans des articles et des jeux pour découvrir le monde des plantes et des animaux.

www.petitesalamandre.net

La Revue durable (presse écrite)

Cette revue de vulgarisation francophone sur le développement durable est diffusée tous les deux mois, uniquement sur abonnement. Elle intervient sur tous les thèmes d'actualité de façon approfondie.

www.larevuedurable.com

Terra Eco (presse écrite)

C'est le mensuel de référence en kiosque depuis plusieurs années. Il traite, souvent avec humour, de tous les thèmes liés au développement durable, sous un angle souvent politique et économique. Un site Internet est mis à jour quotidiennement.

www.terraeco.net

La minute nécessaire de Bridget Kyoto (vidéo web)

Derrière ce personnage déjanté se cache Laure Noualhat, journaliste à Libération. Partant du constat que les messages sérieux ne semblent pas fonctionner, Bridget Kyoto parle avec une certaine ironie et/ou absurdité des sujets environnementaux.

www.youtube.com/user/BridgetKyoto

Shamengo (vidéo web)

Ce site Internet propose des vidéos d'acteurs qui changent le monde de façon positive et s'engagent en faveur d'une économie sociale, solidaire et environnementale.

http://shamengo.com

C'est pas du vent (radio)

Anne-Cécile Bras anime chaque samedi et dimanche entre 9 h 10 et 9 h 29 TU sur RFI cette émission qui rend compte de l'actualité internationale de l'écologie et décrypte les avancées ou les reculs de nos actions face à l'environnement.

www.rfi.fr/emission/cest-pas-vent

CO2 mon amour (radio)

Denis Cheissoux anime chaque samedi de 14 h à 15 h sur France Inter cette émission qui explique comment changer nos manières d'agir et de penser pour éteindre l'incendie planétaire, et qui décortique notre rapport à la nature.

www.franceinter.fr/emission-co2-mon-amour

Fréquence Terre (web-radio)

Cette web-radio produit chaque semaine des magazines de trois minutes sur divers sujets environnementaux, en fonction de l'actualité. À noter que certaines de ces émissions sont reprises sur des radios FM partenaires. L'écoute est totalement gratuite.

www.frequenceterre.com

Green et Vert (internet)

Chaque jour, ce média propose des sujets d'actualité internationale sur le développement durable.

www.greenetvert.fr

France24 Environnement (télévision)

Un samedi sur deux à 11h40, Martina Bertsch propose une enquête sur notre planète.

www.france24.com/fr/emissions

6

ÉCONOMISER

Acheter des pommes bio, choisir un fournisseur d'électricité «verte» ou se déplacer en transports en commun ne suffit pas à faire de vous un parfait urbain écolo. À moins d'avoir totalement renoncé à l'argent – à en gagner, à en dépenser, à en déposer sur votre compte –, vous continuerez d'être confronté au système bancaire. Et l'argent que vous confiez à votre banquier ne dort pas sagement, bien au chaud dans des coffres protégés. Le site Internet Secrets bancaires dresse la liste des investissements réalisés par les établissements financiers : armement, pétrole, gaz, méga-centrales à charbon... En général, ces investissements, censés être rentables à plus ou moins court terme, n'ont rien d'écologique.

« La révolution, aujourd'hui, elle se fait dans les banques, disait Éric Cantona en 2010. Tu vas à la banque de ton village et tu retires ton argent. Si 20 millions de gens retirent leur argent au même moment, le système s'écroule. Pas d'armes, pas de sang, rien du tout. À la Spaggiari. »

Faut-il agir « à la Spaggiari » pour être un citoyen écolo ? N'y a-t-il pas d'alternatives ? Si. Il existe heureusement une poignée de banques à qui vous pouvez confier vos deniers sans avoir l'impression de multiplier par trente votre empreinte écologique. Par ailleurs, des initiatives se montent un peu partout en France et dans le monde pour court-circuiter l'oligarchie de la finance, car de nouveaux systèmes de financement solidaires se mettent en place. Désormais, votre voisin peut devenir votre banquier même s'il est plombier ou turfiste. Les monnaies locales, ou parallèles, qui reposent sur des valeurs de solidarité et de respect de la terre, ont le vent en poupe. Un bouleversement économique est en train de se créer, sans que le système actuel soit totalement dissous pour autant. Mais une telle disparition est-elle souhaitable ?

Vous ne changerez pas le système bancaire en une nuit, mais vous pourrez agir de manière à le rendre plus vertueux, moins néfaste pour la planète, moins égoïste. En matière financière plus qu'ailleurs, il faut comprendre que le choix n'est pas toujours entre le bien et le mal, mais plus souvent « entre le pire et le moindre mal », comme le disait Machiavel dans *Le Prince*.

CHOISIR UNE BANQUE VERTUEUSE

En tant que citoyen, il est difficile de vérifier soi-même toutes les informations qui nous sont communiquées par les banques. Mais plusieurs associations travaillent sur ces questions financières pour nous aider à nous y retrouver.

Ainsi, l'ONG Les Amis de la Terre étudie depuis 2005 les activités des grandes banques françaises. Cela a abouti à la publication en 2007 du premier **guide *Comment choisir ma banque?*** qui détaille banque par banque leurs impacts environnementaux et sociaux. Car l'impact des banques françaises, et même des assurances, n'est pas négligeable. Ces établissements prêtent et gèrent plusieurs centaines de milliards d'euros par an afin de financer ou d'investir dans divers projets. Et c'est là que le bât blesse: de nombreuses banques, guère concernées par les problématiques écologiques, financent des projets peu respectueux de notre planète, comme la fabrication d'armes lourdes ou la construction de plates-formes pétrolières ou encore de méga-centrales à charbon. Les Amis de la Terre épinglent également les banques pour leur manque total de prise en compte de la problématique du changement climatique. Mais **tous les établissements**

bancaires n'ont pas le même impact environnemental et social. Et certains affichent même de bons résultats.

Bernard Lietaer, professeur de finance internationale, qui a notamment participé à la création de l'euro, soutient dans son ouvrage *Au cœur de la monnaie* qu'un « équilibre entre les économies Yin et Yang est indispensable pour qu'une société vraiment durable puisse fonctionner. Conjointement, elles créent ce qui s'appelle l'"économie intégrale". » L'économie Yang correspond au capital financier, aux monnaies nationales et aux transactions commerciales, tandis que l'économie Yin renvoie au capital social, aux monnaies complémentaires et aux transactions communautaires.

En avril 2011, à l'occasion du G20 finances, les Amis de la Terre se sont associés au mouvement Attac pour lancer la campagne « À nous les banques ! ». Un questionnaire a alors été envoyé aux dix plus grosses banques françaises. Huit établissements ont répondu : La Banque Postale, BNP Paribas, le Crédit Agricole, le Crédit Coopératif, Dexia (qui a fait faillite en France en 2012), HSBC, La Nef, la Société Générale. Les groupes BPCE et Crédit Mutuel-CIC sont, quant à eux, restés muets. Les données récoltées ont été synthétisées en novembre 2011 dans un rapport final intitulé « Les banques sous pression citoyenne : l'heure de rendre des comptes ». On y trouve un classement des banques selon leurs pratiques, classées en six domaines :

- **la transparence** : le reporting de la banque détaille-t-il clairement les financements et les investissements réalisés ?
- **la spéculation et les prises de risques** : la banque est-elle présente dans des paradis fiscaux et judiciaires (PFJ) ? La banque rémunère-t-elle ses traders, ses gérants et ses hauts dirigeants avec des bonus et des stock-options ? La banque a-t-elle développé des activités de banque de financement et d'investissement (BFI) qui ont joué un grand rôle dans la crise des subprimes qui a touché les États-Unis dès juillet 2007 ? Quel est le montant des dividendes versés aux actionnaires ?
- **les politiques commerciales** : comment sont commissionnés les conseillers de clientèle ? Quel est le montant des frais bancaires et comment sont-ils prélevés ? La banque finance-t-elle des PME/PMI et des acteurs de l'économie sociale et solidaire (ESS) ? Le livret A sert-il toujours à financer le logement social ? La banque accorde-t-elle des crédits revolving, ou crédits à la consommation, en ayant préalablement étudié la solvabilité des clients ?

- **les politiques salariales** : des accords salariaux ont-ils été signés entre la banque et les organisations syndicales ? À quel montant s'élèvent les plus hautes rémunérations ? Comment est prise en compte la souffrance au travail ? Quelle est la part des rémunérations variables dans les salaires ?

- **l'impact social et environnemental** : la banque publie-t-elle en toute transparence l'intégralité des projets qu'elle finance ? La banque est-elle impliquée dans le financement de projets controversés et dans des secteurs à risques comme le nucléaire, les grands barrages, l'exploitation des hydrocarbures, l'exploitation minière ou les centrales à charbon ? La banque finance-t-elle des projets d'énergies renouvelables ? La banque calcule-t-elle le montant global des émissions de gaz à effet de serre induites par ses financements et ses investissements ?

- **la démocratie** : des parties prenantes extérieures à la banque définissent-elles la politique de crédit, comme par exemple des associations luttant contre le surendettement ? La banque encourage-t-elle ses sociétaires à participer aux élections du conseil d'administration ? La banque favorise-t-elle la pluralité des candidatures au conseil d'administration ? Quelle est la durée maximale d'exercice d'un mandat pour un administrateur ?

L'objectif de cette publication est donc d'évaluer selon quelle éthique travaillent ces établissements qui sont pointés du doigt depuis quelques années pour avoir entraîné la crise financière qui bouleverse l'économie mondiale. Dès l'introduction, le rapport signale que **la plupart des banques françaises «prennent des risques inconsidérés en recherchant des profits excessifs.** Elles malmènent leurs clients, surtout les plus pauvres, et leurs salariés, surtout ceux qui sont en contact avec la clientèle. Elles négligent les conséquences écologiques et sociales de leurs décisions. Elles ne prennent pas en compte le point de vue des acteurs sociaux, mais uniquement celui de leurs actionnaires.» Deux petits établissements coopératifs émergent toutefois: «**Le Crédit Coopératif et la Nef (qui n'est pas une banque à part entière) se distinguent par leur fidélité à leurs idéaux coopératifs et solidaires**. L'un comme l'autre sont loin devant le reste des banques, tant par leur prise en compte des conséquences sociales et environnementales de leurs pratiques, que par leurs politiques commerciales et de prise de risques.» Sauf que le Crédit Coopératif a pour défaut d'être membre du groupe BPCE (Banque Populaire Caisse d'Épargne) qui a refusé de répondre au questionnaire de ces deux associations.

Pour vous aider dans votre choix, nous reproduisons, sous forme de tableau synthétique, le classement des banques effectué par les Amis de la Terre et Attac (voir p. 185). Notez que l'empreinte carbone des banques françaises n'est pas indiquée sur ce tableau. Mais une autre étude des Amis de la

Comment changer de banque ?

Si vous êtes décidé à changer de banque, il ne vous reste plus qu'à ouvrir un compte dans la nouvelle banque de votre choix, y faire transférer tous les mouvements automatiques, rendre à votre ancienne banque vos chéquiers et vos cartes bancaires (obligatoire), en ayant vérifié au préalable que tous vos chèques avaient été débités, puis **demander la clôture définitive de votre ancien compte par lettre recommandée avec accusé de réception**.
Les Amis de la Terre vous invitent à exposer dans ce courrier à la banque que vous quittez les raisons qui ont motivé votre décision de changer d'établissement. « Très important pour les faire évoluer », précisent-ils. Est-ce que cela sert vraiment à quelque chose ? Au moins, vous aurez la conscience tranquille et vous partirez le cœur plus léger vers d'autres aventures bancaires ! Mais attention tout de même, changer de banque peut vite devenir un calvaire, surtout si vous remboursez un prêt. La Fédération bancaire française, qui prend le sujet au sérieux, a publié un ***Guide de la mobilité*** d'une trentaine de pages, qui détaille toutes les procédures à suivre à la lettre pour que votre changement de banque se déroule dans les meilleures conditions.

Terre et du cabinet Utopies de novembre 2010, intitulée « L'empreinte carbone des banques françaises », montre qu'il y a une **corrélation directe entre de fortes émissions de CO_2 et le financement de projets dans le secteur des énergies non renouvelables**. À l'inverse, la Nef et le Crédit Coopératif, qui obtiennent un bon bilan carbone, n'investissent pas dans l'industrie lourde, mais plutôt dans le secteur associatif ou les équipements d'économies d'énergies par exemple. La Banque Postale est également une « bonne élève », mais l'étude indique que cette position est « liée à son statut légal davantage qu'à un choix militant ». Cette banque finance en effet principalement des logements sociaux, octroie des prêts immobiliers et investit une partie de ses fonds sur les marchés financiers.

Vous pouvez retenir de ce tableau qu'il est préférable de placer votre argent (sans doute pas les yeux fermés) à la Nef ou au Crédit Coopératif. En revanche, toutes les autres banques, à l'exception peut-être de La Banque Postale, semblent à éviter, car elles apparaissent uniquement dans les catégories correspondant à des pratiques insuffisantes ou mauvaises.

	Spéculation et prises de risques	Politiques commerciales	Politiques salariales	Impact social et environnemental	Démocratie
Pratiques correctes	La Nef	La Nef	/	La Nef	/
Pratiques moyennement satisfaisantes	Crédit Coopératif La Banque Postale	Crédit Coopératif La Banque Postale	La Nef	Crédit Coopératif	Crédit Coopératif
Pratiques insuffisantes	Crédit Agricole HSBC Société Générale	HSBC Société Générale	Crédit Coopératif BNP Paribas Dexia	Dexia La Banque Postale	La Nef Crédit Agricole HSBC
Mauvaises pratiques	BNP Paribas Dexia	Dexia Crédit Agricole BNP Paribas	La Banque Postale Société Générale Crédit Agricole HSBC	BNP Paribas Société Générale Crédit Agricole HSBC	BNP Paribas Dexia La Banque Postale Société Générale

CHOISIR UN PLACEMENT SAIN

Vous savez maintenant qu'en choisissant l'activité que vous souhaitez financer, votre épargne peut être un moyen d'agir sur la société. « Elle peut être un levier de changement du modèle économique, social et environnemental », indique l'association des Amis de la Terre dans son guide « Environnement, comment choisir mon épargne ? ». D'autant plus qu'en 2011, selon les statistiques de l'INSEE, le **taux d'épargne des Français** s'élevait à 16,1 %, soit **plus de 500 milliards d'euros**. C'est dire le pouvoir de notre argent qui dort !

Encore faut-il savoir comment bien le placer. Car même au sein des banques les plus vertueuses, il existe des placements meilleurs que d'autres en termes d'impacts sociaux et environnementaux.

Un grand nombre de produits d'épargne sont actuellement disponibles : entre les comptes de dépôt à terme, les livrets d'épargne réglementés (Livret A, Livret de développement durable, Livret d'épargne populaire, Compte épargne logement, Livret jeune, Plan d'épargne logement), les assurances vie, les placements collectifs en Bourse (Fonds commun de placement – FCP – et Société d'investissement à capital variable – SICAV), les Plans d'épargne en actions (PEA), l'épargne retraite, l'épargne salariale, l'actionnariat direct dans une entreprise cotée, ou encore les parts sociales de financeurs solidaires, il est parfois difficile de s'y retrouver. Nous vous proposons ci-dessous de découvrir à quoi sont affectés les fonds que vous déposez sur les produits d'épargne les plus connus.

	Taux de rémunération au 1er février 2013	Plafond de dépôt
Livret A	1,75 %	22 950 €
Livret de développement durable (LDD)	1,75 %	12 000 €
Livret d'épargne populaire (LEP)	2,25 %	7 700 €
Plan d'épargne logement (PEL)	2,50 %*	61 200 €
Compte épargne logement (CEL)	1,25 %*	15 300 €
Assurances vie	Variable (rendement moyen net de 2,70 %)	Aucun, mais au-delà de 152 500 € des droits de succession s'appliquent
Épargne en Bourse (actions, obligations, bons de souscription d'actions, etc.)	Variable	Aucun

*Taux bruts, avant prélèvements sociaux de 15,5 % à la source

Garanties environnementales et sociales

Livret A : garantie partielle. Plus de la moitié de l'argent sert à financer le logement social, le reste est placé sur les marchés financiers.

Livret de développement durable (LDD) : garantie partielle. Seulement 10 % de cette épargne est utilisée sous forme de crédits pour les particuliers souhaitant réaliser des travaux d'économie d'énergie, le reste sert à financer des PME, mais pas nécessairement impliquées dans le développement durable. Le LDD n'a donc de durable guère que son nom...

Livret d'épargne populaire (LEP) : garantie partielle. Une partie des fonds finance le logement social, le reste est investi sur les marchés financiers.

Plan d'épargne logement (PEL) : garantie faible. Une partie des fonds finance divers types de crédits pour les particuliers ou les entreprises, et l'autre partie est investie en Bourse.

Compte d'épargne logement (CEL) : garantie faible. Une partie des fonds finance divers types de crédits pour les particuliers ou les entreprises, et l'autre partie est investie en Bourse.

Assurances vie : aucune garantie. Le risque est grand que les fonds soient investis dans des sociétés dont les activités sont controversées.

Épargne en Bourse (actions) : aucune garantie. Ces placements qui consistent à acheter une part de capital d'une entreprise sont potentiellement rentables, mais risqués. De plus, ils financent plutôt les activités de multinationales, a priori peu sensibles aux considérations environnementales et sociales et dont le seul objectif reste de dégager le plus de dividendes possible à court terme.

À ce stade, les solutions d'épargne proposées par les banques ne sont guère satisfaisantes d'un point de vue environnemental et social. Le meilleur conseil que l'on pourrait vous donner est d'**interroger votre banquier sur la destination de votre épargne**. Vous en saurez au moins un peu plus sur la politique de transparence de votre banque. Mais si vous pensez, à juste titre, qu'il est impossible pour l'instant de trouver un moyen d'épargner 100 % écolo, tout n'est pas perdu. Deux produits financiers semblent **plus fiables d'un point de vue social et environnemental**, d'autant que vous pouvez vous fier à un label pour les choisir :

- **l'Investissement socialement responsable (ISR)** : il s'agit de fonds qui contiennent des actions ou des obligations d'entreprises cotées en Bourse, à la différence près que les actifs en portefeuille sont censés respecter certains critères financiers et extra-financiers (environnement, social et gouvernance). Mais vous n'êtes pas assuré que ce soit toujours le cas. Pour bien choisir votre fonds ISR, repérez ceux qui portent le Label ISR Novethic. Novethic est un organisme indépendant des sociétés de gestion. Il labellise chaque année les fonds les plus transparents. En 2012, 109 fonds ont obtenu ce label, contre

140 précédemment, du fait d'un renforcement des critères d'exigences. Les fonds IRS labellisés par Novethic doivent désormais faire état au moins une fois tous les six mois des titres qu'ils possèdent en portefeuille.

- **la finance solidaire** : le label Finansol distingue 122 placements d'épargne solidaire. Depuis 2002, l'encours de l'épargne solidaire en France a été multiplié par douze et début 2012, il s'élevait à 3,55 milliards d'euros. Vous pouvez par exemple choisir d'investir dans le capital d'entreprises solidaires. Dans ce cas, une partie de vos gains sera reversée à des associations caritatives ou d'intérêt général. Dans certaines banques, comme le Crédit Coopératif ou la Nef, vous pouvez également faire don de tout ou partie des intérêts acquis sur vos livrets d'épargne. Enfin, les salariés d'une entreprise peuvent opter pour l'épargne salariale solidaire, aussi appelée Fonds commun de placement d'entreprise solidaire (FCPES). Cependant, ces fonds sont dits 90/10, car 5 à 10 % seulement sont investis dans des entreprises agréées solidaires, et le reste est placé dans des actions d'entreprises réputées « socialement responsables », mais pour lesquelles vous n'avez aucune vraie garantie d'engagement social et environnemental. À ce sujet, l'association Finansol a édité un « Guide de l'épargne salariale solidaire ».

LES ALTERNATIVES AU SYSTÈME BANCAIRE CLASSIQUE

Financer les projets de son voisin

Financer les projets de particuliers ou d'habitants de pays en voie de développement (PED), sans bouger de chez soi, est aussi une autre façon de placer votre argent, avec des **garanties de résultats sociaux et environnementaux souvent bien supérieures à celles de tous les fonds évoqués jusqu'ici**. Pour cela, plusieurs options s'offrent à vous :

- **les parts sociales :** cela consiste à acquérir un titre de propriété sur le capital d'une entreprise qui comporte plusieurs associés. Si vous achetez des parts sociales de financeurs solidaires, vous serez assuré de la destination de votre argent, et vous aurez le droit de participer aux décisions de financement de l'institution. Il peut s'agir par exemple de devenir actionnaire de La Foncière Terre de Liens, qui achète des terres agricoles pour que de jeunes agriculteurs biologiques puissent s'installer. Côté rémunération, comme les actions, les parts sociales génèrent des dividendes annuels.

- **le financement participatif ou *crowdfunding*** : il s'agit dans ce cas de vous associer à une communauté d'investisseurs sur Internet autour d'un projet de développement durable. Sur Blue Bees par exemple, les projets sont très souvent localisés dans des pays en voie de développement qui n'ont pas accès aux outils de financement traditionnels, car leurs projets sont trop « gros » pour les institutions de microfinance et trop « petits » pour intéresser les banques. Sur le site Internet, vous choisissez le projet qui vous intéresse. Si l'argent est réuni dans le temps imparti pour la collecte, il sera alors envoyé au porteur du projet. Et lorsque le projet aura abouti, le prêt sera remboursé aux internautes avec une prime de l'ordre de 3 à 6 % selon les cas. Mais si l'idée de placer temporairement votre argent à l'autre bout du monde vous rebute, Friends Clear vous propose de financer des projets français et de bénéficier d'un taux de rémunération de 4,50 % maximum.

- **le microcrédit** : certaines banques refusent de prêter de l'argent à des petits entrepreneurs. Sur le site Babyloan, vous pouvez prêter de l'argent à des entrepreneurs du monde entier. Petit bémol : vous serez bien sûr remboursé, mais sans aucun intérêt.

- **le parrainage d'animaux** : plus drôle, de nombreux éleveurs français vous proposent sur leur site Internet de parrainer à l'année un ou plusieurs de leurs animaux afin de les aider à maintenir leur exploitation agricole viable. Chez Froma'Chèvre/ Adopte une chèvre par exemple, installé à Brèches dans le nord de l'Indre, le parrainage annuel coûte 80 euros par chèvre. Vous aurez le droit de venir chouchouter votre biquette, et vous serez rémunéré à hauteur de cinq fromages par an et d'une bouteille de lait frais de la traite. Si vous préférez les vaches, la Ferme de la Vacherie par exemple, à Saint-Mard-de-Réno dans l'Orne, met en ligne les photos de ses animaux à parrainer. Sauf que là, il n'y a pas de contrepartie fromage en vue, même si vous pouvez bien entendu venir rendre visite à votre protégée. On vous promet simplement que votre don sera affecté à l'alimentation, aux soins vétérinaires et à l'amélioration des conditions de vie des vaches. Mais il nous semble que c'est, pour un urbain, l'occasion de militer à distance, et sans que cela ne prenne trop de temps, contre la déprise rurale et l'agro-business.

Payer en monnaie locale

Le système bancaire a donc encore du chemin à faire pour rendre l'économie écologique. Plusieurs mouvements de résistance à l'hégémonie bancaire se sont structurés au cours des dernières années pour faire vivre une économie parallèle sur des bases plus solidaires, plus respectueuses des hommes et de la nature. C'est le cas par exemple de tous ceux qui ont fait le choix des monnaies locales. Car plus que jamais, le système actuel « génère de la rareté, de la compétition. **Le pouvoir des banques privées**

est bien trop fort. Et on est dans une logique de concentration des richesses. C'est une partie de Monopoly, on est à la fin du jeu et on n'a plus assez d'argent pour jouer», a expliqué Étienne Hayem, conseiller en gestion de projets monnaies complémentaires chez Citizen Can, au cours d'une conférence TEDx La Défense en juillet 2012. Il s'appuie sur les réflexions de Bernard Lietaer pour expliquer que dans un système complexe, il faut un équilibre entre efficience d'un côté, et résilience, diversité et interactivité de l'autre. Étienne Hayem fait le parallèle avec un panda qui ne mangerait que du bambou et dont la forêt brûlerait: le panda meurt. Selon ce consultant, «nous avons besoin d'apprendre à nous nourrir avec d'autres monnaies, nous avons besoin de biodiversité monétaire». Et c'est là que les monnaies locales jouent leur rôle pour «échanger et partager nos richesses».

Monnaie locale: définition

Une monnaie locale est avant tout un **outil de paiement de biens ou de services sur un territoire restreint et entre des utilisateurs d'un même réseau**. Mais elle ne se substitue pas à l'euro, même si effectivement elle circule parallèlement à la monnaie officielle. Alors, à quoi sert une monnaie locale? Elle permet avant tout de dynamiser l'économie d'un territoire, car elle n'a de valeur qu'au sein de celui-ci. Mais surtout, elle perd parfois de sa valeur au fil du temps (c'est que l'on appelle le caractère fondant de la monnaie) pour éviter la spéculation et permettre sa circulation (le postulat est que si votre monnaie vaut moins au bout d'un certain temps, vous serez tenté de consommer pour ne pas perdre d'argent sur la somme initiale que vous avez changée). Une monnaie locale a également pour fonction de créer du lien social dans la mesure où sa création est le fruit d'un projet collectif. De ce fait, les « achats » en monnaie locale prennent un sens éthique : vous êtes sûr de savoir où va votre argent, car il sera forcément réutilisé sur le territoire où vous avez effectué vos achats. Frédéric Bosqué, coordinateur du SOL-Violette de Toulouse donne, quant à lui, un autre argument en faveur des monnaies locales dans un article de Philippe Derudder et Marie Fare dans *La Gazette des Communes* intitulé « Tout ce que vous avez toujours voulu savoir sur les monnaies locales » : « 97 % des transactions en monnaies "officielles" circulent dans les sphères spéculatives et seulement 3 % dans l'économie réelle. Contrairement aux transactions en monnaies locales qui, elles, "voyagent" à 100 % dans l'économie réelle. »

Des monnaies historiques

Les monnaies locales ne datent pas d'aujourd'hui. À l'**époque des pharaons**, les Égyptiens utilisaient deux monnaies : une monnaie émise par les autorités politiques pour le commerce avec l'étranger, et des tessons de poterie pour les achats de la vie quotidienne à l'échelle locale. On trouve des **systèmes similaires au Moyen Âge en Europe** entre le Xe et le XIIIe siècle. Notons aussi que les jetons que certains commerçants avaient mis en place au XIXe siècle pour fidéliser leurs clients pouvaient s'apparenter à des monnaies locales. Il s'agissait en fait d'un moyen d'échange destiné à faire face à la pénurie de petite monnaie. Les jetons remplirent vite une fonction publicitaire et commerciale non négligeable. Mentionnons également les jetons de présence qui servaient par exemple à vérifier la présence des administrateurs d'une société à une réunion obligatoire. À l'issue de celle-ci, ces jetons étaient échangés contre une somme d'argent. D'autres monnaies parallèles ont vu le jour dans des **contextes de crise économique** ; elles étaient alors qualifiées de monnaies de nécessité. Par exemple, en France, la Première Guerre mondiale avait complètement déstabilisé le système du franc germinal dont la valeur était corrélée aux réserves en métal (or et argent). Les pièces d'or, d'argent et de bronze avaient alors une valeur faciale inférieure à la valeur de leur masse métallique. L'État cessa d'en produire et autorisa les chambres de commerce à émettre des monnaies locales entre 1914 et 1926.

Créer une monnaie locale

De nos jours, la crise économique et la volonté de favoriser les échanges locaux ont poussé un grand nombre de villes ou de régions à créer leur monnaie locale. Il en existerait actuellement déjà plus de 4000 dans le monde. En France, leur utilisation est réglementée par l'**article L521-3 alinéa 1 du Code monétaire et financier** de la République française, mais n'importe quel citoyen peut en créer une.

Exemple d'utilisation

Illustrons de façon plus précise le fonctionnement d'une monnaie locale à travers l'exemple de **La Roue**, en circulation notamment à Avignon dans le Vaucluse depuis octobre 2011. Cette monnaie locale, créée par l'association SEVE (Système d'échanges pour vitaliser l'économie), se présente sous forme de bons d'achat d'une valeur de 1, 2, 5, 10, 20 et 50 euros. Une Roue vaut un euro. Pour en acquérir, les particuliers doivent se rendre auprès d'un **relais distributeur** afin d'**échanger des euros contre des Roues**. Ils peuvent ensuite les dépenser auprès des acteurs économiques qui indiquent, grâce à une affichette à l'entrée de leur magasin, « Ici nous acceptons les Roues ». Les Roues sont manipulées comme si c'étaient des euros, sauf que la monnaie est rendue en euros. Les commerçants peuvent échanger ces Roues contre des euros dans un bureau de change, moyennant une commission de 3 % (non appliquée la première année de participation). Cette commission a pour but d'**inciter les acteurs économiques à faire circuler la Roue**. En revanche, les particuliers ne peuvent pas reconvertir leurs Roues en euros. Mentionnons aussi que la validité des Roues est limitée à six mois. Pour récupérer la valeur de leurs billets, les utilisateurs doivent s'acquitter d'une commission de 2 % de la valeur faciale des Roues auprès des relais distributeurs. Les euros récoltés grâce à ce système sont placés dans une banque, généralement à la NEF ou au Crédit Coopératif, et servent à financer des projets locaux dans le domaine de l'environnement ou de la solidarité.

Une monnaie locale près de chez vous ?

Pour savoir s'il existe une monnaie locale près de chez vous, vous pouvez vous rendre sur le site Internet **Monnaie-locale-complémentaire.net** (MLC). Cette plate-forme de mutualisation des outils, des informations et de la documentation à ce sujet a mis en place un formulaire de recensement des monnaies locales en circulation ou en projet. Les informations recueillies sur les diverses monnaies locales sont ensuite présentées sur une carte de France, que nous adaptons ici sous forme de liste. Attention : la liste ci-dessous n'est très probablement pas exhaustive.

Île-de-France

La Pêche, Montreuil (Seine-Saint-Denis), mise en circulation prévue le 1er juillet 2013.
Le Sol Plaine Commune, Plaine Commune (Seine-Saint-Denis) en projet depuis novembre 2012.

Centre

Méreau, Montargis (Loiret), mise en circulation prévue le 1er septembre 2013.
Commune, Roanne (Loire), mise en circulation le 27 novembre 2010.

Est

Projet sans nom, Ungersheim (Haut-Rhin), en projet depuis 2012.
Éco, Agglomération d'Annemasse (Haute-Savoie), mise en circulation en novembre 2011.
Sol Alpin, Grenoble (Isère), mise en circulation en 2008.
Canut, Pentes de la Croix-Rousse à Lyon (Rhône), mise en circulation prévue le 1er octobre 2013.
Tiok, Thoiry (Ain), en projet depuis 2011.
ÉcoSol, Agglomération de Chambéry, mise en circulation en 2012.
Le Déodat, Déodatie (Vosges), mise en circulation en septembre 2011.

Ouest

La sardine, Concarneau-Quimper (Finistère), mise en circulation le 14 décembre 2012.

Heol, Pays de Brest (Finistère), mise en circulation en janvier 2012.
Galléco, Fougères, Rennes et Redon (Ille-et-Vilaine), en projet.
Confluent, Pays nantais (Loire-Atlantique), mise en circulation le 13 juillet 2011.
Retz'L, Sud de l'agglomération nantaise (Loire-Atlantique), mise en circulation en novembre 2012.
La Muse, Angers (Maine-et-Loire), mise en circulation le 16 avril 2012.
Projet sans nom, Saint-Nazaire, Presqu'île et Brière (Loire-Atlantique), prévue au printemps 2014.
Sou local de Rance, Pays de Rance (Côtes-d'Armor), prévue en 2014.
Monnaie de la Mayenne, Nord Mayenne, projet depuis novembre 2012.

NORD

Les 2 Lions, Canteleu et agglomération de Rouen (Seine-Maritime), mise en circulation prévue en 2013.
L'Épi, Le Havre (Seine-Maritime), en projet depuis octobre 2010.

SUD-OUEST

La Cassole, Castelnaudary (Aude), en projet depuis le 19 avril 2012.
Sol Narbonnais, Le Territoire du Grand Narbonne (Aude), mise en circulation prévue le 1er mars 2014.
Sol lotois, Cahors (Lot), en projet depuis février 2011.

Sol-Violette, Toulouse (Haute-Garonne), mise en circulation le 6 mai 2011.
Carlet, Sud-Gironde (Gironde), en projet depuis mars 2010.
La Miel, Libournais, Créonnais, Castillonais, Pays de Coutras (Gironde), mise en circulation en janvier 2013.
Abeille, Grand Villeneuve-sur-Lot (Lot-et-Garonne), mise en circulation le 23 janvier 2010.
Hermès, Bordeaux (Gironde), en projet.
Sol Olympe, Montauban (Tarn-et-Garonne), en projet depuis 2010.
La Sonnante, Bagnères de Bigorre et Lannemezan (Hautes-Pyrénées), mise en circulation en 2012.
La Claque, Béarn (Pyrénées-Atlantiques), en projet depuis septembre 2012.
Eusko, Pays Basque français, mise en circulation en janvier 2013.

Sud et Sud-Est

Les Lucioles, Ardèche méridionale (Ardèche), mise en circulation au printemps 2011.
La Bogue, Aubenas, Vals (Ardèche), en projet depuis septembre 2010.
Nostra, Pays de Salon de Provence (Bouches-du-Rhône), en projet depuis décembre 2011.
Projet sans nom, Grand Valentinois (Drôme), mise en circulation prévue en 2013.
La Mesure, Romans – Bourg de Péage (Drôme), mise en circulation en mai 2011.

Projet sans nom, Montpellier (Hérault), mise en circulation prévue en 2013.
La Cigalonde, La Londe les Maures (Var), mise en circulation le 8 avril 2011.
La Roue, Avignon (Vaucluse), mise en circulation en octobre 2011.
Sol narbonnais, territoire du Grand Narbonne (Aude), mise en circulation en mars 2014.

Enfin, les globe-trotteurs apprécieront la présentation de quelques **monnaies locales étrangères** sur le site Internet de l'association TAOA (There Are Other Alternatives), qui soutient et promeut le développement des monnaies locales et complémentaires.

LUTTER CONTRE LA SURCONSOMMATION

Vous voilà fâché avec l'argent ? La pensée écologique nous apprend à changer notre façon de consommer, à savoir **consommer moins** et **mieux**. Effet double : on soulage d'autant la planète et notre porte-monnaie. Et puis c'est bien connu, l'argent ne fait pas nécessairement le bonheur. Ni la consommation, d'ailleurs.

Stefano Bartolini, un enseignant en économie politique et sociale italien, rappelle dans son *Manifeste pour le bonheur* que les habitants des pays pauvres, comme le Nigéria, le Vietnam, le Mexique ou la Colombie, sont souvent bien plus heureux que ceux des pays riches. Cet économiste explique que ce **«paradoxe du bonheur»** vient du fait que dans la culture occidentale, le bonheur est souvent confondu avec la possession et la consommation de biens matériels, ce qui nous fait courir les plus grands risques en termes de désagrégation sociale et d'insatisfaction. Il est donc nécessaire que chacun repense ses priorités. Stefano Bartolini exhorte pour cela les habitants des pays riches à « arrêter de penser sans cesse à la réussite, à l'argent, au travail, à la performance ». Serge Latouche, un économiste français connu pour ses essais sur la décroissance, prône quant à lui « une société d'abondance frugale », car « on constate que les seules sociétés d'abondance étaient les sociétés paléolithiques dans lesquelles les individus avaient très peu de besoins, amplement satisfaits avec moins de trois heures de travail par jour. Dans cette course infernale – création de besoins, création de richesses –, les besoins doivent croître toujours plus vite que les richesses. **Le taux de croissance de la frustration**, comme le souligne Yvan Illich, un penseur de l'écologie politique né en Autriche, **est très supérieur au taux de croissance**

de la production et de la consommation. Il faut sortir de ce cercle infernal. La seule façon d'en sortir positivement est de limiter ses besoins et de revenir à une société frugale. Nos besoins peuvent être surabondamment satisfaits avec les moyens dont nous disposons. » Ce qui est tout à fait possible en ville, même si cela vous demandera certainement un petit effort sur vous-même et de la discipline pour ne pas être tenté par tous les biens de consommation qui nous entourent.

Arrivés à ce chapitre, vous avez certainement parcouru la plupart des autres articles de cet ouvrage et découvert de nombreuses astuces pour apprendre à être plus écolo en milieu urbain. Si vous ne deviez retenir qu'une seule chose pour **alléger vos dépenses et agir positivement pour l'environnement**, ce serait la règle des 3R : réduire, réutiliser et recycler. Traditionnellement utilisée comme réponse au problème de la gestion des déchets, cette règle peut très bien s'appliquer à la gestion de votre porte-monnaie de la façon suivante :

- **la réduction de vos consommations** : il s'agit de réfléchir avant d'acheter n'importe quel type de bien, d'évaluer la nécessité impérieuse que vous éprouvez à posséder quelque chose de nouveau. Cette prise de conscience vous permettra peut-être aussi de vous rendre compte qu'au fil des années, vous avez accumulé chez vous de nombreuses choses inutiles...

- **la réutilisation des objets**: avant de vous jeter sur le marché du neuf, vérifiez par exemple si l'objet que vous convoitez n'existe pas en occasion ou en location. On parle dans ce dernier cas d'économie de fonctionnalité, qui consiste à privilégier l'usage des biens à leur consommation. Vous avez sans doute également chez vous des objets que vous n'utilisez plus depuis des années et dont vous souhaitez vous débarrasser. Au lieu de mettre tout cela à la poubelle, pourquoi ne pas les échanger, en faire don à des associations caritatives ou à vos voisins? Ils trouveront certainement une nouvelle famille d'accueil qui sera ravie de les accueillir.
- **le recyclage**: de la même façon que vous pouvez vendre ou faire don d'un objet encore en fonctionnement, vous pouvez donner vos objets non fonctionnels à des structures ou via des sites spécialisés. Certaines personnes en récupéreront des morceaux pour réparer leurs propres objets ou en créer de nouveaux. À défaut de faire le bonheur de votre propre porte-monnaie, vous aurez au moins la satisfaction d'avoir allégé les dépenses de votre prochain.

Pour mettre en pratique certains de ces conseils, vous pouvez vous connecter sur les sites Internet Donnons.org ou Recupe.net. À **Mulhouse, le Magasin pour Rien** permet de repartir gratuitement avec des objets, sans aucune contrepartie. N'importe quel citoyen, pauvre ou riche, peut se servir et repartir sans rien payer, dans la limite de trois objets par semaine. Si vous êtes étudiant, vous apprécierez l'initiative de l'**Association de solidarité des étudiants français** (ASEF) de Nantes. Chaque jeudi matin depuis plus de dix ans, des bénévoles de cette association se rendent à la Banque alimentaire afin de récupérer des aliments impropres à la vente, mais encore bons à la consommation. Dans la journée, les étudiants peuvent venir au local de l'association acheter un sac d'aliments pour un euro symbolique. Ce ne sont là que quelques exemples parmi d'autres. Et n'hésitez pas à consulter le site Internet de la mairie de votre lieu de résidence. Vous pourriez peut-être y trouver de jolies surprises !

On le constate, ces échanges bénéfiques pour la planète sont actuellement plutôt motivés par des nécessités économiques. Le plan d'action des élu(e)s EELV (Europe Écologie-Les Verts) pour une économie locale et collaborative précise à propos du troc entre particuliers que « **les systèmes d'échanges locaux de biens ou de services commencent à se développer et démontrent là aussi, en ces temps difficiles, leur importance pour créer du lien social et lutter contre la pauvreté**. 20 % des adhérents de ces plates-formes sont sans emploi et 50 % ont des revenus annuels inférieurs à 20 000 euros. 450 réseaux ont ainsi été identifiés, dont une cinquantaine en Île-de-France. Les "accorderies", qui concernent les échanges de services uniquement, comptabilisées en heures, sont plus récents. Il en existe une dans le XIXe arrondissement parisien depuis 2011, par exemple. » Mais si la planète et notre porte-monnaie y trouvent leur compte, n'est-ce pas là l'essentiel ?

DERNIERS CONSEILS PRATIQUES

- Vous n'êtes pas satisfait des pratiques de votre banque, mais vous hésitez à en changer ? Dans ce cas, **créez une pétition en ligne pour tenter de mobiliser d'autres citoyens** autour de vous, et faites-le savoir à votre banque. Elle ne changera peut-être pas ses pratiques en un jour, mais à long terme, cela pourrait porter ses fruits. Pensez à l'effet papillon dans le temps...
- Vous venez de changer de banque pour une plus écolo ? Formidable ! Mais pourquoi ne pas **partager votre expérience** sur un blog afin d'inciter d'autres citoyens à faire la même chose que vous ? Vous pourriez expliquer les raisons de votre changement de banque, les démarches que vous avez eu à faire, et les difficultés que vous auriez pu rencontrer.

BONNES ADRESSES

Secrets bancaires

Liste des investissements réalisés par les établissements financiers : armement, pétrole, gaz, méga-centrales à charbon, etc.
www.banksecret.eu

Giving Pledge

La liste des personnes les plus riches au monde qui partagent leur fortune.
http://givingpledge.org

Monnaies locales

Conférence TEDx La Défense d'Étienne Hayem, conseiller en gestion de projets monnaies complémentaires chez Citizen Can
www.youtube.com/watch?v=7DDGrERfYaE

No Impact Man

L'histoire d'un Américain, Colin Beavan, qui pendant un an a réduit au maximum ses consommations en tout genre.
http://noimpactman.typepad.com

L'Accorderie – Échanger et coopérer

Les adresses en France

www.accorderie.fr

Guide de la mobilité bancaire

Publié par la Fédération bancaire française

www.fbf.fr/fr/files/87RKP9/MG_HS_Mobilite.pdf

100 Thing Challenge

L'histoire de Dave Bruno, un Américain qui a décidé de vivre entouré de seulement 100 objets.

www.100thingchallenge.com

Plan d'action des élu(e)s EELV (Europe Écologie-Les Verts) pour une économie locale et collaborative

http://elus-idf.eelv.fr/files/2013/02/EELV-plan-dactions-pour-une-%C3%A9conomie-locale-et-collaborative.pdf

Serge Latouche (économiste décroissant) Interview pour le site Internet Utopies

www.utopiesdaujourdhui.fr/index.php/economie/economie/sobriete-et-decroissance/229-2122054754

7

SE FAIRE DU BIEN

Ah ! Le stress de la ville ! Ses embouteillages, la vie au bureau, le mal de dos... Autant de raisons qui font que les urbains vont consulter (trop) souvent leur médecin. Résultat : les Français sont les plus gros consommateurs de médicaments en Europe, avec 48 boîtes par personne et par an. Un chiffre colossal qui, pour la première fois depuis plus de dix ans, connaît une baisse de 1,5 % pour les médicaments à prescription obligatoire et de 0,4 % pour les médicaments en vente libre, soit 40 millions de boîtes en moins sur un total de 3 milliards (Source : Celtipharm 2012).

Cela va-t-il donner un léger répit à l'environnement ? Car vous l'ignoriez peut-être, mais quand vous soignez votre corps, la nature en profite aussi. Or, comme dans l'alimentaire ou dans le textile, les médicaments n'échappent pas à la surconsommation. Ainsi, actuellement, le ministère de l'Écologie et du Développement durable estime que le gisement de médicaments non utilisés (stockés à la maison, périmés ou non...) représente entre 24 000 et 29 000 tonnes par an. Une partie se retrouve même jetée à l'égout !

Par rapport à l'Allemagne, aux États-Unis et à la Grande-Bretagne, la France a accumulé un retard très net concernant le degré de contamination de ses ressources. S'il existe bien des études ponctuelles sur notre territoire et si des campagnes de mesures ont été menées par différents organismes, le niveau de connaissance reste très faible. Pire encore, dans un rapport récent (« Plan national sur les résidus de médicaments dans les eaux », 30 mai 2011), le ministère de l'Écologie et du Développement durable soulignait que « les réglementations, européenne et française relatives à la qualité des eaux ne prévoient actuellement pas de surveiller la présence des résidus de médicaments dans les différents compartiments aquatiques ou de fixer des normes de qualité pour ces substances, bien que la présence de certains micropolluants soit réglementée par la fixation de limites de qualité dans les milieux aquatiques ou de valeurs guide dans l'eau potable ».

MIEUX SE SOIGNER

La **pollution médicamenteuse** a été mise à jour par des analyses d'eau effectuées dans différentes parties du monde au cours des années 1970. Celles-ci ont démontré que l'eau contenait de plus en plus de résidus de médicaments humains et animaliers. Antibiotiques, antidépresseurs, analgésiques (paracétamol), bêtabloquants, contraceptifs oraux, autant de substances qui sont rejetées de façon continue dans les milieux aquatiques, notamment au niveau des stations (collectives ou autonomes) de traitement des eaux usées. Quand nous prenons un médicament, 10 % seulement est assimilé par notre corps ; le reste est rejeté dans l'eau des toilettes, qui passe dans les égouts puis dans les stations d'épuration, mais ces dernières ne peuvent pas traiter tous les résidus de médicaments. Ils nous reviennent dans l'eau que nous buvons et dans la nourriture que nous avalons. Selon des chercheurs allemands, on retrouve, dans n'importe quel échantillon d'eau, de 30 à 40 sortes de médicaments. Si les effets de ces molécules sur la santé humaine et l'écologie sont encore très mal connus, on peut supposer qu'ils ne sont pas bénéfiques.

Les scientifiques avancent l'hypothèse que la **résistance bactérienne** serait un des effets pervers de la présence de résidus d'antibiotiques dans l'eau

Une contraception naturelle et high-tech

Pour les couples, voici une méthode de contraception naturelle qui fonctionne en harmonie avec le corps et sans effet secondaire (un petit air de méthode Ogino ?) : le Moniteur de contraception Clearblue. Il suffit de relever les concentrations d'hormones dans les urines grâce à des bandelettes de test, puis de les identifier grâce au mini-écran tactile. L'appareil enregistre les résultats et vous indique quelles sont les périodes au cours desquelles vous pouvez avoir des rapports sans utiliser de contraceptifs (jour vert) et celles où vous risquez de tomber enceinte (jour rouge). Son prix et d'environ 90 euros.

du robinet. Un cercle vicieux où les médicaments rendent les populations plus vulnérables serait donc enclenché... Bien que ces substances soient retrouvées dans les rivières à des concentrations très faibles, bien au-dessous des doses thérapeutiques, elles paraissent néanmoins suffisantes pour engendrer sur le long terme des effets adverses globaux ou spécifiques à un niveau cellulaire ou moléculaire (perturbation des mécanismes biochimiques, altération du patrimoine génétique, etc.).

Parmi ces polluants, on trouve des antibiotiques, qui favoriseraient la résistance des bactéries, et des œstrogènes synthétiques, qui entrent dans la fabrication des pilules contraceptives et qui seraient impliqués dans la féminisation de certaines populations de poissons. À terme, la reproduction des espèces concernées pourrait s'en trouver perturbée.

Oh scandales !

En parallèle, les scandales médicamenteux se succèdent. Médiator, Isoméride, Distilbène, Vioxx, etc. Ces substances, que vous avez peut-être pris un jour, ont été retirés de la vente. De quoi rappeler une évidence : le médicament n'est jamais un produit anodin. Des professionnels, comme les professeurs Philippe Even et Bernard Debré, sont même allés jusqu'à prendre à partie l'industrie pharmaceutique dans son ensemble et les pouvoirs publics. Selon eux, 40 % des médicaments actuels seraient à risque et responsables d'au moins 100 000 décès et de complications graves. Par ailleurs, 40 % seraient inefficaces, mais sources de profits substantiels pour les laboratoires. Sans compter qu'il n'y a pas de corrélation étroite entre l'efficacité d'un médicament, son prix et son remboursement par l'assurance maladie.

La médecine aurait-elle suivi les mêmes dérives que l'agriculture industrielle comme l'affirme Christian Portal dans *Une médecine écologique* ? Nous serions entrés dans l'ère d'une médecine industrielle présentant de multiples tares : résultats beaucoup moins satisfaisants que ce qu'une communication biaisée laisse croire, coûts exorbitants en perpétuelle augmentation, pollutions des corps, des sols et des rivières, jusqu'à notre eau courante, et émergences de nouveaux risques sanitaires qui ne sont absolument pas maîtrisés. De quoi convaincre tout un chacun de l'intérêt des médecines dites « naturelles » ou « alternatives ».

Se soigner autrement ?

Pour autant, pas facile pour les urbains hypocondriaques que nous sommes de sortir de ces réflexes santé. Sans arrêter de se soigner, essayons de nous soigner mieux, c'est-à-dire différemment.

On nous parle déjà des **nanomédicaments** qui devraient remplacer bon nombre de médicaments conventionnels. Avec leurs formules plus concentrées et leur taille infinitésimale, les nanomédicaments permettent de contrôler la délivrance du médicament dans l'espace (ciblage spécifique des tissus, des cellules) et dans le temps (maîtrise de sa vitesse de libération). Avec à la clé beaucoup d'espoirs dans la prise en charge de certaines pathologies lourdes. Ainsi, actuellement, une dizaine de nanomédicaments sont déjà commercialisés pour le traitement de cancers (Doxil®, Abraxane®, Daunoxone®) et de certaines maladies infectieuses (Ambisome® et Amphocil®), tandis que d'autres en sont au stade des études cliniques. Mais si les nanotechnologies permettent de réduire la consommation de produits chimiques, beaucoup d'interrogations restent encore en suspens. Une fois les coques de ces nanomédicaments vides, vont-elles être éliminées par l'organisme ou vont-elles s'accumuler dans le corps ? Que se passera-t-il dans l'environnement ? Est-ce qu'en utilisant tous les effluents d'un hôpital, on ne stérilisera pas toute une région ? Cela fait partie des études toxicologiques et écotoxicologiques à développer.

Mon hôpital est-il écolo ?

La pollution vient aussi de nos hôpitaux. Pour la première fois en 2012, le magazine *L'Express* s'est associé avec les experts du Comité pour le développement durable en santé (C2DS) pour dresser la liste des établissements les plus engagés dans le développement durable pour le bien de l'environnement, mais aussi des patients ! Quatre actions clés engagées par les 22 établissements nominés ont été sélectionnées : protection des patients contre les produits toxiques, construction de bâtiments écologiques, économies d'énergie et tri et recyclage des déchets. La liste est toujours disponible en ligne sur le site de *L'Express* (« Quels sont les hôpitaux les plus écolos ? », 20 février 2012).

Quant aux **bio-médicaments**, apparus au cours des années 2000, ils contribuent déjà à améliorer la qualité de vie de nombreux patients, dont ceux atteints de certaines maladies spécifiques comme la polyarthrite rhumatoïde, la sclérose en plaques, le cancer ou l'asthme. La directive 2003/63/CE de l'Union européenne définit un médicament biologique comme étant un produit dont la substance active provient d'une source biologique. Ce sont par exemple les médicaments immunologiques et les médicaments produits à partir du sang et du plasma humains. Cette définition est très limitée et elle ne prend pas en compte l'effet des médicaments sur l'écologie. Un médicament bio ne doit pas contenir d'ingrédients superflus tels que des colorants, des parfums ou des agents de texture. Son principe actif doit être biodégradable, c'est-à-dire qu'il doit se décomposer dans un laps de temps raisonnable quand il est relâché dans la nature. Ces résidus doivent être complètement inoffensifs pour les hommes et la nature.

Au final, ces nouveaux médicaments sont plus complexes et nécessitent plus d'étapes de fabrication. Leur prix est aussi plus élevé.

Face à ces menaces, il faut se conformer à deux règles élémentaires : respecter strictement les doses prescrites par le médecin et éviter le gaspillage. Le mot d'ordre général « **Les antibiotiques, ce n'est pas automatique** » doit être respecté à la lettre, car comme nous l'avons vu, la plus grande partie de nos médicaments arrive dans une usine de traitement des eaux usées. De plus, avec l'augmentation du nombre de personnes âgées dans les pays développés, la concentration de ces produits dans l'eau va aller croissant, car cette fraction de la population métabolise moins bien les médicaments que les plus jeunes.

L'autre geste responsable est tout simplement de rapporter les médicaments périmés ou non utilisés dans une pharmacie. Beaucoup trop finissent encore à la poubelle ou dans les toilettes ! Il n'est pas nécessaire de les trier ; le programme **Cyclamed** se charge de récolter les médicaments dans les officines puis de les incinérer.

Optez pour des médecines plus douces

Homéopathie, phytothérapie, acupuncture, aujourd'hui le recours aux médecines douces est moins tabou qu'auparavant. Contre le stress, la migraine et certaines douleurs, ces méthodes traditionnelles préconisent des produits naturels ou des pratiques manuelles. On évite ainsi les médicaments à base de substances synthétiques. Un autre avantage réside dans leur rôle préventif. En consommant des substances naturelles ou en pratiquant des massages régulièrement, on peut en effet prévenir certaines maladies liées au stress, des cancers comme celui du sein...

L'homéopathie, ce n'est pas que des plantes !

En effet, les substances, ou souches de base, ont trois origines : végétales (plantes fraîches sauvages cultivées dans des zones non polluées, principalement à la montagne), minérales ou chimiques (phosphore, chlorure de calcium) et... animales.
Ces dernières sont très variées : elles vont de l'animal entier à ses sécrétions, en passant par les différentes parties de son corps. Les animaux sont utilisés à l'état frais, parfois même vivants, ou desséchés. Des serpents comme Naja, Elaps, Vipera sont mis à l'état frais dans le flacon d'alcool. Mais l'abeille (*Apis mellifica*) est plongée vivante dans un récipient contenant de l'alcool. Par contre, certaines espèces, telle la cantharide, sont utilisées desséchées. Les venins de serpent sont également utilisés dans certaines préparations

Toutefois, la médecine non conventionnelle est à appliquer avec précaution. En effet, elle n'est pas sans contre-indications. C'est le cas de la réflexologie chez les femmes enceintes lors des trois premiers mois de la grossesse : certains points sont en effet susceptibles de stimuler le déclenchement du travail ou d'augmenter les mouvements du fœtus. En outre, les produits naturels contiennent des principes actifs ; il faut donc respecter les dosages conseillés.

Enfin, s'il convient de recourir à la médecine conventionnelle dans les cas les plus graves, certains médecins ne sont pas hostiles aux méthodes douces, le plus souvent en complément de leur traitement, afin de soulager leurs patients ou d'améliorer leur bien-être.

Privilégiez une bonne hygiène de vie

Saviez-vous que notre organisme, quand il est débarrassé des molécules de synthèse, est une véritable usine à fabriquer naturellement les médicaments dont il a besoin, comme les antibiotiques, les antalgiques, les anti-inflammatoires, les cicatrisants, les antidépresseurs ou encore les somnifères ? De fait, pour de nombreux professionnels, dont le psychiatre et écrivain Patrick Lemoine, les médicaments non appropriés usent notre résistance corporelle, affaiblissent nos défenses naturelles et peuvent entraîner des pathologies de plus en plus sévères. Et si le proverbe « **mieux vaut prévenir que guérir** » était la parade contre de nombreux maux ?

Outre la propreté corporelle qui va de soi, une bonne hygiène de vie nécessite de respecter quelques principes simples. Au programme :

Se (re)mettre au sport

Footing en solitaire, marche pour aller au bureau, natation... Les activités physiques et sportives sont avant tout considérées comme un vecteur de santé.

Au-delà du bien-être procuré et de l'évacuation du stress, le sport renforce les muscles de la respiration, permet de conserver à la fois la ligne et la santé en prévenant l'ostéoporose et les infarctus et en favorisant la baisse du taux de cholestérol et de la tension artérielle...

Pensez aussi au **yoga** et au **taï-chi-chuan**, dont le but est de nous faire évoluer spirituellement. Le yoga est une discipline qui vise, grâce à la méditation, l'ascèse morale ; les exercices corporels aident à unifier le corps et l'esprit. La façon dont il est enseigné en Occident nous permet déjà d'apprendre à mieux nous connaître, de découvrir notre potentiel de créativité et de faciliter nos relations avec les autres. Voici une petite liste (non exhaustive) d'institutions de yoga parmi les plus fiables (notez qu'il n'existe pas encore de Fédération française de yoga reconnue par le ministère des Sports) : l'Union européenne de Yoga, l'Institut Éva Ruchpaul, Studio Gérard Arnaud, Yoga Iyengar, Yoga Van Lysebeth.

Quant au taï-chi-chuan, synonyme de longévité chez les pratiquants, il s'agit d'un art martial fondé sur la lenteur du mouvement, qui s'exécute à mains nues ou avec armes. Il existe une centaine de mouvements tels que parer, presser, pousser, tirer ou « le serpent rampe », « la grue blanche déploie ses ailes », etc. C'est aujourd'hui en Occident un art de bien-être, souvent défini comme « une méditation en mouvement ». Objectif: atteindre un état de tranquillité intérieure.

Courir au vert avec Weleda

La marque de cosmétiques bio propose depuis deux ans des entraînements de course à pied avec un coach attentif ainsi que des conseils personnalisés et complets (alimentation, sommeil, étirements) dans plusieurs grandes villes de France: Paris, Lyon, Lille, Marseille, Toulouse, Rennes et Strasbourg. 12 séances d'entraînement de fin mars à mi-septembre pour 60 euros. Inscription en ligne: www.weleda-sport.fr.

Surveiller son assiette

«Vous êtes ce que vous mangez», disait Hippocrate, le père de la médecine. Sans vous astreindre à un régime particulier, évitez les plats préparés, les aliments contenant des sucres ajoutés ou trop d'huile et surtout mangez bio (voir le premier chapitre). L'alimentation à base de fruits et de légumes – si possible frais – reste l'idéal. Pensez à aller au marché près de chez vous! Manger de tout et varier les menus, voilà la clé d'une bonne santé. En ville, la mode est aux smoothies et aux soupes. Tant mieux, la nourriture liquide est beaucoup plus facile à assimiler pour le corps.

Boire beaucoup d'eau

L'eau est essentielle à notre organisme, qui en est composé à 60%. Il faut pourtant la renouveler régulièrement puisque, chaque jour, nous éliminons environ 2,5 litres d'eau par la respiration, la transpiration, les urines. Plus il fait chaud, plus on fait du sport, plus on mange salé, et plus on a besoin d'eau. C'est une sorte de carburant qui participe activement au bon fonctionnement de nos organes. En pratique, l'eau maintient le volume du sang et du liquide lymphatique dans le corps. Elle permet au cerveau de bien fonctionner. L'eau maintient la chaleur du corps, hydrate la peau et assure la lubrification des articulations et des yeux. D'autre part, l'eau facilite la digestion et le transit intestinal. Elle aide aussi l'organisme à éliminer les déchets. Si les aliments fournissent environ 1 litre de ce précieux liquide, les boissons, au premier rang desquelles l'eau, doivent chaque jour compléter les pertes à hauteur de 1,5 litre environ.

Revenir aux recettes de grand-mère

Potions, remèdes, tisanes... Bien avant que l'industrie pharmaceutique ne prenne en charge notre santé, nos grands-mères avaient leurs secrets pour soigner les rhumes, les maux de gorge ou les torticolis. Elles les fabriquaient elles-mêmes avec les produits naturels qu'elles trouvaient dans leurs cuisines, leurs jardins ou chez les herboristes. Aujourd'hui avec le bio, cette façon de soigner les petits maux revient en force. Quelques exemples :

- **pour désinfecter les plaies**, appliquez du savon de Marseille ou de la teinture mère de calendula ;

- **pour favoriser la cicatrisation**, ayez toujours du gel cutané bio d'aloe vera. Issu de la feuille de cette plante d'origine mexicaine, il calme irritations, brûlures superficielles et piqûres d'insectes. Il répare également les écorchures et les petites coupures ;

- **contre les bleus et bosses**, étalez ou administrez immédiatement de l'arnica, sous forme de pommade ou de granules homéopathiques (trois granules d'*Arnica montana* 9 CH) ;

- **pour apaiser les maux de tête**, dissolvez une demi-cuillerée à café de poudre de gingembre dans un verre d'eau ou passez sur vos tempes un roll-on composé d'huiles essentielles bio ;

- **pour soulager les maux d'estomac**, diluez une demi-cuillerée à soupe d'argile verte bio dans un demi-verre d'eau. Laissez reposer une demi-journée, puis remuez et buvez. Le charbon végétal est également efficace et disponible sous forme de gélules, de poudre ou de capsules ;

- **contre la constipation**, avalez une cuillerée à café d'huile d'olive vierge bio. Ou en traitement de courte durée, un laxatif léger à base de feuille de séné *(Cassia angustifolia)* bio en infusion ou en gélules ;

- **contre la fièvre**, laissez fondre sous la langue quelques granules homéopathiques de *Belladonna* 9 CH ;

- **contre les courbatures et les douleurs musculaires**, massez délicatement la zone avec de l'arnica sous forme d'huile, ou prenez trois granules d'*Arnica montana* 9 CH le soir avant de vous coucher.

BELLE ET BIO DANS SA SALLE DE BAIN

Publicités à outrance, égéries de choc, produits miracles... On nous répète à longueur de temps que « nous le valons bien » et que tel produit est « la plus belle façon d'être nous ». La cosmétique constitue le quatrième secteur économique français. La dernière décennie a vu le secteur des cosmétiques et de la parfumerie développer un chiffre d'affaires équivalent à 16 milliards d'euros annuels. Avec 200 euros d'achats en moyenne par an de produits de parfumerie, d'hygiène et de cosmétique, les Français sont les quatrièmes plus gros consommateurs de produits de beauté de la planète, juste derrière le Japon, les États-Unis et le Brésil.

Et si nous valions plus que cela ?

La nature aussi le vaut bien

Matières premières, procédés de fabrication, emballages : un produit d'hygiène et de beauté peut s'avérer plus ou moins respectueux de la nature. En effet, les matières premières peuvent être obtenues par diverses méthodes, allant d'une simple extraction, très naturelle, par distillation au procédé chimique le plus lourd, provenir de la pétrochimie, de la synthèse ou de ressources naturelles plus ou moins renouvelables... Des huiles minérales (*Paraffinum liquidum*, *Petrolatum*, etc.) provenant d'hydrocarbures issus de l'industrie pétrochimique, au caractère polluant évident, aux silicones (Cyclomethicone ou tout composé se terminant par siloxane), très peu biodégradables et très persistantes dans l'environnement (l'eau de notre douche s'écoule bien quelque part !) en passant par les COV (Composés Organiques Volatils) que sont le butane, le propane, l'isobutane, utilisés dans les gaz propulseurs qui permettent à nos laques ou mousses à raser de sortir de leurs bombes... Outre les effets toxiques sur notre organisme, certains produits ont un effet parfois irréversible sur les écosystèmes. Quant au suremballage, il n'est pas non plus sans conséquence en termes de potentiel polluant ou de recyclage des déchets. Sans parler du bilan carbone (évaluation des émissions de gaz à effet de serre induites par une activité) d'une matière première « exotique » ou d'un cartonnage fabriqué à Taiwan ! Oui, nos cosmétiques peuvent avoir des répercussions en termes écologiques.

Des produits qui ne nous disent pas tout

Dans la pub, on nous promet des rides atténuées, des cheveux souples et magnifiques. Cependant, certaines substances ont tendance à s'accumuler dans nos tissus et sont susceptibles de déclencher divers troubles (baisse de la fertilité, chute du nombre de spermatozoïdes viables, pour les femmes enceintes : risque de mortalité intra-utérine et de retard de croissance fœtale. et affaiblissement de notre système immunitaire) et des cancers (des testicules, des ovaires ou du sein). On les appelle des **perturbateurs du système endocrinien** : ce sont des substances chimiques d'origine naturelle ou artificielle qui peuvent interférer avec le fonctionnement des glandes endocrines.

À l'heure actuelle, plus de 100 000 substances chimiques industrielles sont en libre circulation sur le marché européen. Leur production mondiale est passée de 1 million de tonnes en 1939 à plus de 400 millions aujourd'hui. La plupart de ces substances chimiques ont été commercialisées sous couvert d'une réglementation européenne permissive, sans évaluation pertinente de leur impact sur la santé et l'environnement, en particulier sur le long terme.

En juillet 2007, Greenpeace lançait un pavé dans la mare des onguents en sortant le guide « Cosmétox » : « 200, c'est le nombre de substances chimiques synthétiques que l'on peut aujourd'hui retrouver dans notre corps, faisant ainsi de ce dernier un véritable réceptacle pour des substances potentiellement dangereuses. Année après année, cette pollution corporelle va croissante et devient

Les 12 substances toxiques à éviter dans vos cosmétiques

- BHA et BHT

Se retrouvent notamment dans les produits hydratants, le maquillage. Ils sont suspectés d'interférer avec les fonctions hormonales et d'être cancérigènes. Également nocifs pour les poissons et la faune.

- P-Phenylenediamine

Également appelés colorants du goudron de houille, ils sont présents dans les teintures pour cheveux et dans les produits contenant des colorants identifiés par C.I suivi de cinq chiffres. Ils pourraient être cancérigènes et toxiques pour le cerveau.

- Cyclomethicone et les siloxanes

Se retrouvent dans les produits hydratants, le maquillage, les produits pour les cheveux... Ils sont suspectés d'interférer avec la fonction hormonale et d'endommager le foie. Nocifs pour les poissons et la faune.

- DEA, MEA et TEA

Présents dans les produits crémeux et moussants, ils peuvent réagir avec d'autres substances et déclencher des cancers. Nocifs pour les poissons et la faune.

- Sodium Laureth Sulfate (SLES) et Sodium Lauryl Sulfate (SLS)

Favoris des produits moussants (shampoings, gels douche, produits pour le bain), le SLES peut contenir du 1,4-dioxane, potentiellement cancérigène. Le SLS peut être dommageable pour le foie. Nocifs pour les poissons et la faune.

- Les libérateurs du formaldéhyde

Soyez à l'affût du DMDM hydantoin, du diazolidinylurea, du methenamine et du quaternium-15, largement utilisés dans les produits pour les cheveux et les soins hydratants. Le formaldéhyde pourrait être cancérigène.

- Les parabènes

Suspectés d'interférer avec la fonction hormonale et associés au cancer du sein.

- Parfum

Présent même dans des produits annoncés comme non parfumés. Peut déclencher allergies et asthme. Certains sont associés au cancer et à l'intoxication des neurones. Nocif pour les poissons et la faune.

- PEG

Présent dans les après-shampoings, les produits hydratants, les déodorants... Il peut contenir du 1,4-dioxane, potentiellement cancérigène.

- Petrolatum

Se retrouve dans les produits pour cheveux, les baumes, les rouges à lèvres et les produits de soin pour la peau. Produit pétrochimique pouvant contenir des impuretés cancérigènes.

- Triclosan

Présent dans les produits antibactériens (dentifrice, le savon, le désinfectant pour les mains). Il est suspecté d'interférer avec la fonction hormonale et de contribuer à la résistance des bactéries aux antibiotiques. Nocif pour les poissons et la faune.

Source : Fondation David Suzuki

de plus en plus complexe. Pourtant, très peu de données scientifiques existent sur les effets à long terme de la plupart de ces polluants, en particulier sur leurs possibles interactions les uns avec les autres (effet cocktail) ». Ces substances sont particulièrement perverses, car elles jouissent d'une grande stabilité dans l'environnement (persistance) et d'une capacité à s'accumuler dans les tissus vivants (bio-accumulation) qui leur a permis de littéralement envahir la planète, « des sommets alpins aux pôles en passant par les fonds océaniques, à l'ensemble de la faune, dans la chaîne alimentaire (en particulier les produits marins et laitages) et jusque dans le corps humain ». Le prix du confort apporté par le développement spectaculaire de la chimie industrielle est, on le voit, particulièrement élevé.

Réaliser que le moindre produit de consommation courante peut contenir de nombreux additifs toxiques n'est pas facile. Alerte sur les déodorants contenant des sels d'aluminium et du triclosan, sur les rouges à lèvres renfermant des métaux lourds et de la silicone, sur les crèmes solaires perturbant notre système hormonal... Difficile en effet de se douter que nos soins pour le corps (gel douche, shampoing, savon) ou notre parfum préféré sont susceptibles de contenir des substances chimiques potentiellement dangereuses. Des substances invisibles et incorporées en petites quantités qui confèrent à nos produits préférés des propriétés particulières et si appréciables (odeur, texture, effets...). Si peu d'entre nous accordent une confiance aveugle à l'industrie chimique, nous sommes pourtant facilement conduits à croire que la réglementation ou le prestige d'une marque suffisent à nous protéger de telles expositions. Malheureusement, il n'en est rien.

Le bio en plein boum

Fort heureusement, il existe une alternative au tout-chimique. Très à la mode actuellement, même s'il est encore considéré comme un marché de niche, le bio redonne la parole à la nature et aux senteurs vraies. Ainsi, en France, si les ventes de ces cosmétiques ont progressé de 25 % par an en moyenne entre 2005 et 2011, les cosmétiques naturels et biologiques ne représentaient en 2011 que 2 % du marché total (source : « Produits de beauté bio : une croissance durable ? État des lieux et perspectives en France », Cabinet Deloitte, janvier 2012). Pour comparaison, en Allemagne, où leur part de marché est la plus importante d'Europe, les cosmétiques naturels et biologiques dépassent déjà les 6,5 % du marché.

Pour nous, consommateurs devenus **consomm'acteurs**, c'est surtout l'occasion de choisir en notre âme et conscience des produits plus doux pour l'environnement et notre santé.

Des labels qui font foi

En voici quatre parmi les plus connus :
- **BDIH** (Allemagne) est le premier à avoir labellisé des produits « naturels », sans pesticides ni engrais chimiques ni solvants dès 1996. Il n'impose pas de pourcentage fixe d'ingrédients bio, mais interdit les dérivés du pétrole et les substances de synthèse. C'est le label le plus exigeant.
- **Cosmebio** (France) regroupe deux logos : Cosmétique Bio et Cosmétique Éco. Le premier garantit au minimum 95 % d'ingrédients naturels ou d'origine naturelle ; 95 % des ingrédients végétaux et 10 % de l'ensemble des ingrédients sont issus de l'agriculture biologique. Le second contient au minimum 95 % d'ingrédients naturels ou d'origine naturelle ; 50 % des ingrédients végétaux et 5 % de l'ensemble des ingrédients sont issus de l'agriculture biologique.
- **NaTrue** (créé en 2007) regroupe trois fabricants historiques et leaders de la cosmétique naturelle et/ou bio : Weleda, Dr Hauschka et Logona. Il existe trois niveaux de certification, allant de une à trois étoiles pour le niveau le plus exigeant qui requiert 95 % des substances naturelles non transformées issues de l'agriculture biologique.
- **Nature & Progrès** (né en 1964) est le seul label à exiger 100 % de végétaux issus de l'agriculture biologique et certifiés par l'un de ces trois organismes : AB (pour les huiles essentielles et végétales), Demeter et N&P.

Reste le choix des marques et là, on pourrait presque s'y perdre tant l'offre a pris de l'ampleur ces dernières années. Véritable vague marketing, elles sont nombreuses à s'être lancées sur le marché. Pour débuter, fiez-vous à celles qui ont donné leurs lettres de noblesse aux cosmétiques biologiques et qui sont devenues des institutions. Culture et engagement écologique obligent, les marques allemandes sont en tête des palmarès et dignes de confiance, à l'image de **Dr Hauschka** (créé en 1967), **Weleda** (qui a fêté ses 90 ans en 2011) et **Logona,** qui sont à l'origine du label NaTrue. En France, nous avons aussi nos marques leaders comme **Florame**, **Sanoflore**, **Cattier** et **Melvita**.

Le bio coûte-t-il plus cher ?

Oui et non, tout dépend de vos achats beauté habituels. Comme dans toute offre, le bio propose aussi bien des marques « entrée de gamme » que d'autres plus « haut de gamme ». La différence de prix provient du coût de production – avec le choix des matières premières (certaines huiles végétales sont rares et précieuses) – et du coût de revient de l'emballage… On trouve ainsi un soin du visage Marilou Bio à 3,50 euros alors qu'un autre chez Dr Hauschka s'élève à 34 euros. Tout dépend de la qualité cosmétique et sensorielle recherchée et du lieu d'achat (hypermarchés ou boutiques spécialisées).

Où faire ses achats de beauté bio ?

La bonne nouvelle avec la vague du bio, c'est que depuis cinq ou six ans, le secteur de la cosmétique bio a quitté son circuit « historique » pour trouver une place partout où la cosmétique est traditionnellement présente : de la parfumerie à la grande distribution, en passant par la parapharmacie ou le Net.

Pour un premier essai, l'idéal est sans aucun doute de se rendre dans des magasins bio où vous pouvez également faire vos courses, type **Biocoop** (le réseau rassemble plus de 325 magasins dans toute la France), **Naturalia** (plus de 71 magasins à travers l'Hexagone et même la possibilité de commander en ligne) ou chez **Les Nouveaux Robinsons** (environ 12 magasins dans Paris et région parisienne). Ok, les rayons ne sont pas toujours des plus glamours, mais les basics de votre hygiène sont là : shampoings, gels douches, dentifrices...

Envie de plus de glamour, de découvrir des produits bio plus féminins et même de se faire maquiller ? Place aux boutiques **Mademoiselle Bio**. Il en existe déjà huit à Paris, certaines ont également un institut (massages, soins du visage, épilations, le tout 100 % bio). Cette petite chaîne de magasins est sans aucun doute la plus calée sur le sujet des cosmétiques et du bio et s'adresse autant aux femmes qu'aux hommes. Sur place, de vraies esthéticiennes qualifiées, formées au bio et connaissant les produits sur le bout des ongles vous renseignent sur les compositions et vous conseillent selon le type de peau. Car le but n'est pas de consommer à outrance, mais de cibler ce qui vous convient. À tester : un diagnostic de peau gratuit et disponible en ligne (www.mademoiselle-bio.com/diagnostic). On peut aussi commander sur l'e-shop.

Des spas certifiés bio

Se faire chouchouter oui ; dans un institut bio, c'est encore mieux ! En septembre 2012, l'organisme certificateur Écocert a lancé le label « Being », qui récompense les spas, les centres de balnéothérapie ou les instituts de beauté qui privilégient les cosmétiques biologiques dans leurs prestations. Les collations offertes ou vendues, les textiles, les parfums d'ambiance ou les détergents utilisés sont aussi observés à la loupe. De même que la gestion des ressources en eau et en énergie, le traitement des déchets, la gestion des bassins et des piscines. Au total, il y a plus de cinquante critères à respecter pour obtenir le fameux sésame. Actuellement, le Spa Melvita de la rue de Rennes à Paris et le spa marin du centre de thalassothérapie de Carnac en Bretagne sont en cours de labellisation.

Pour celles et ceux qui aiment commander en ligne, mais qui recherchent aussi des marques plus innovantes ou ludiques, essayez le site **Bazar-bio** (www.bazar-bio.fr). Ici, les filles se régaleront avec des choix de vernis non toxiques, du dissolvant sans acétone, des déodorants-crèmes bio, des parfums 100 % d'origine naturelle... Même les hommes seront épatés de tester des soins de rasage écolos, des gels douche aux senteurs masculines. En outre, le site propose deux services sympas. Le premier s'appelle « Essaye-moi ». Il permet de tester quelques-uns des produits vendus sur le site en version mini moyennant quelques euros. Ensuite, si l'on est séduit par le produit et qu'on le commande, Bazar-Bio rembourse le prix de l'échantillon. Enfin, le second service concerne le maquillage. Achat difficile à faire en ligne, Bazar-Bio propose depuis peu de voir en images les produits portés sur la peau et propose des vidéos sur leur application. On peut aussi remplir un formulaire très complet où les produits et les coloris seront personnalisés selon votre carnation et la couleur de vos yeux et de vos cheveux.

Enfin que dire des **marques de distributeur (Carrefour, Auchan, Monoprix)** qui ont lancé leurs lignes de cosmétiques bio ? Que c'est déjà une première étape pour les personnes qui les découvrent et qui souhaitent des produits « pas trop différents » de ce qu'ils ont l'habitude de consommer. Pour autant, il ne faut pas s'attendre à des soins exceptionnels. La proportion d'ingrédients bio dépasse à peine le seuil minimum fixé dans le cahier des charges de Cosmébio, c'est-à-dire guère plus de 10 % d'ingrédients bio au total. Ce qui n'a rien d'étonnant : on ne peut pas tirer sur les prix et offrir au consommateur un maximum d'ingrédients labellisés.

Focus sur le préservatif

Ils sont les seuls moyens de protection contre les maladies sexuellement transmissibles, mais saviez-vous que les préservatifs sont nocifs pour l'environnement ? De fait, ceux-ci sont le plus souvent composés de plastique (polyuréthane), de dérivés du pétrole ou, plus fréquemment encore, de latex synthétique. Souvent fabriqués en Thaïlande, on leur ajoute des conservateurs, arômes et autres stabilisants chimiques. Avec 4 milliards de préservatifs fabriqués chaque année, ce sont des tonnes de déchets non biodégradables qui finissent à la poubelle ou dans la nature... Mais réjouissons-nous, les préservatifs écolos, ça existe ! Faites un tour du côté de Dr Theiss (filiale française du groupe allemand Naturwaren GmbH). Quant au geste final : pas question de prendre la chasse d'eau pour une poubelle. Au final, ce sont les stations d'épuration qui trinquent. Préférez donc la poubelle !

La *Slow* Cosmétique et le do-it-yourself

Envie de vous investir davantage? Peut-être connaissez-vous le mouvement *Slow Food*? Celui-ci, né au début des années 1980, défend une alimentation plus saine et plus écologique face à la montée en puissance de l'industrie du *fast-food* et de la malbouffe. La ***Slow Cosmétique*** s'engage dans la même voie. Si celle-ci associe le bio, elle invite aussi à aller plus loin en donnant la part belle aux ingrédients naturels et peu transformés. Elle prône le retour à l'essentiel avec l'utilisation d'huiles végétales, de plantes aromatiques, de nos aliments quotidiens. La *Slow Cosmétique* propose aussi certains gestes de beauté (gymnastique faciale) pour lesquels aucun produit n'est nécessaire.

« Vivre slow signifie vivre plus lentement et plus harmonieusement, le plus souvent en accord avec la nature. Le rapport au temps et aux cycles de la nature est primordial », explique Julien Kaibeck, fondateur du mouvement et de l'association internationale Slow Cosmétique et auteur du livre *Adoptez la Slow Cosmétique*.

Simple et économe, le mouvement (www.slow-cosmetique.org) nous convainc que « nous avons déjà tout ce qu'il nous faut dans notre cuisine en termes d'ingrédients » (outre l'achat de petits ustensiles). Bref, il n'y a plus qu'à ! Dans le livre en question, on nous invite à réaliser nos propres cosmétiques : masque nettoyant ou dentifrice maison à

Attention à la conservation du bio
Qui dit bio dit moins ou pas de conservateurs et donc prolifération de bactéries. Quelques règles simples sont à respecter : n'exposez pas vos produits cosmétiques à la lumière vive, évitez les sources de chaleur (radiateur, vitre au soleil, plage arrière d'une voiture, etc.) et privilégiez les tubes. Lorsque vous vous servez de pots, utilisez une petite spatule propre pour prélever du produit. Quant aux cosmétiques bio « maison », fabriquez des quantités adaptées (pas plus de 50 ml pour un soin visage et 100 ml pour un soin corps) et conservez vos crèmes au réfrigérateur.

l'argile, lait démaquillant doux, gel nettoyant corps et cheveux... À réaliser dans votre cuisine : le gommage pour les lèvres au sucre et au miel ! Trempez un coton-tige dans un peu de miel et roulez-le dans une petite soucoupe contenant du sucre fin en poudre. frottez vos lèvres en petits mouvements circulaires et rincez à l'eau tiède. Mieux, il paraît que des tranches de pomme de terre crue sont imparables contre les cernes !

Bref, tout cela peut prêter à sourire, mais fabriquer ses cosmétiques soi-même permet de connaître et de maîtriser leur composition, de les personnaliser et surtout d'éviter de payer le prix fort que nous imposent les marques, le marketing et l'industrie. L'inconvénient : cela demande un peu de temps, mais c'est aussi une activité très ludique à faire entre copines, par exemple. À souligner : il y a même des recettes pour les hommes !

Reste l'achat des fournitures, qu'il faut effectuer avec attention. En la matière, l'adresse la plus sérieuse s'appelle **Aroma-Zone**. Avec deux boutiques parisiennes, dont un atelier dispensant des cours, l'enseigne propose un choix immense d'huiles essentielles, végétales et d'hydrolats bio, des centaines de recettes et de livres et toute une gamme de contenants vides. Bien sûr, on peut commander via le site Internet. Pratiques et gratuites, toutes les fiches de renseignements et de recettes sont téléchargeables en PDF sur le site.

DERNIER CONSEIL PRATIQUE

La nature est à la mode et beaucoup d'instituts ou de marques utilisent sans vergogne les termes « naturel », « vert », « écolo », pour attirer le chaland... Ouvrez l'œil et n'hésitez pas à questionner !

BONNES ADRESSES

La Maison Dr Hauschka

39 rue de Charonne, 75011 Paris, tél. : 01 43 55 40 55

L'espace Weleda

10 Avenue Franklin Roosevelt, 75008 Paris, tél : 01 53 96 06 15

Melvita et son Éco-SPA

96 rue de Rennes, 75006 Paris, tél. : 01 45 44 86 38

Carnac Thalasso & Spa Resort

avenue de l'Atlantique, 56340 Carnac, tél. : 02 97 52 53 54

Mademoiselle Bio

e-shop et adresses des boutiques sur
www.mademoiselle-bio.com

Aroma Zone

e-shop et adresses des boutiques sur
www.aroma-zone.com

8

S'HABILLER

S'offrir un pull à la mode, craquer pour un nouveau tee-shirt... Le shopping est un véritable acte de plaisir. Mais savez-vous que 25 % des substances chimiques produites dans le monde sont destinées à la filière textile ? La production mondiale de cette dernière (environ 74 millions de tonnes) se décompose de la façon suivante : 1/3 de fibres naturelles et 2/3 de fibres chimiques. Même l'eau est mise à contribution, avec une consommation moyenne de 200 000 litres pour 1 tonne d'articles textiles fabriqués[1]. En France, ce sont 700 000 tonnes d'articles qui sont mises sur le marché chaque année.

L'empreinte écologique des vêtements n'est donc pas neutre pour la planète : chaque étape de leur cycle de vie (culture des fibres, ennoblissement pour produire l'étoffe, confection, distribution, transports, entretien et même fin de vie) soulève des enjeux environnementaux, sanitaires et sociaux considérables. C'est ce qu'a voulu signifier l'ONG Greenpeace lorsqu'elle a lancé sa campagne « Detox » en 2011. Dans sa ligne de mire, la *fast fashion*, cette tendance adoptée par les grandes chaînes de distribution et qui consiste à produire des vêtements assez bon marché mais inspirés des dernières créations des grands couturiers.

---

1. Source : Guide WWF d'éco-conception des produits textiles-habillement, 2011

Autrement dit, les H&M, Zara, Gap, Only, Mango, C&A, Victoria's Secret, Calvin Klein... autant de marques que nous côtoyons au quotidien et qui changent de collections comme de chemise grâce à des cycles de production et de consommation toujours plus courts. Ce modèle impose des cadences infernales aux fournisseurs et encourage des pratiques peu responsables tant sur le plan social qu'environnemental.

Si, pour le consommateur, la tentation est grande de céder aux vitrines alléchantes et aux promotions incessantes des grandes enseignes, il est grand temps de se questionner sur nos achats. Colorants toxiques, exploitation des enfants, matières synthétiques polluantes, l'envers du décor de la mode est rarement en accord avec les principes développement durable. Dans ce chapitre, nous vous donnons les clés pour consommer mieux et moins, pour consommer différemment, par exemple en recyclant une partie de nos textiles. Ou en partant à la découverte de marques encore peu connues, en les soutenant dans leurs démarches éco-responsables. Objectif: arrêter de donner de l'argent à des enseignes de mode peu scrupuleuses.

DES VÊTEMENTS EMPOISONNÉS ?

Et si la vérité était au-delà des pages de magazine et des affiches publicitaires ? Ainsi, Greenpeace nous signale dans son étude « Dirty Laundry 2 » (Linge sale) que nombre de vêtements de marques sont imprégnés de nonylphénol (NP), composé persistant (qui se dégrade très difficilement) et bio-accumulable (qui s'accumule dans l'environnement et se concentre dans la chaîne alimentaire). Substance à ne pas prendre à la légère, le NP est considéré comme toxique, car il s'agit d'un perturbateur endocrinien, c'est-à-dire une substance capable de modifier l'action d'une hormone et de perturber le fonctionnement normal d'un organisme. Les NPE (nonylphénol ethoxylate également très présent dans l'industrie textile) et le NP font l'objet de restrictions dans de nombreuses régions du monde. Si le NP est considéré comme une « substance dangereuse prioritaire » par l'Union européenne depuis 2001, sa fabrication, son utilisation et son rejet dans l'environnement ne font l'objet d'aucune réglementation en Chine. Quatorze marques sont mises en cause parmi lesquelles figurent notamment Adidas, Uniqlo, Calvin Klein, Li Ning, H&M, Abercrombie & Fitch, Lacoste, Converse ou encore Ralph Lauren...

Que dire, par ailleurs, des techniques d'ennoblissement du textile (délavages, teintures, impressions) dangereuses pour la santé et l'environnement ? Qui n'a pas entendu parler du sablage des jeans, technique utilisée pour délaver le denim ? Condamnée par la campagne « Clean Clothes Campaign » de Greenpeace en février 2011 et par le collectif Éthique sur l'étiquette (www.stop-au-sablage.org), celle-ci consiste à pulvériser du sable à haute pression à l'aide de jets puissants, provoquant par inhalation une affection pulmonaire incurable et mortelle, la silicose. Certaines teintures sont également très toxiques. Colorants azoïques, interdits en Europe, colorants chlorés et métaux lourds utilisés pour la brillance, le spectre est large. Plus la couleur est foncée, plus la concentration en produits toxiques est importante (les sous-vêtements noirs, si prisés pour leur côté chic et sexy, sont de véritables concentrés de poison !). Attention aussi aux vêtements étiquetés « entretien facile » ou *« easy care »*, qui résistent mieux au rétrécissement, au froissage et se repassent plus facilement (étiquette *« non iron »*). Parmi les ingrédients utilisés dans les formulations de leurs apprêts, on trouve des agents qui peuvent dégager des formaldéhydes considérés comme cancérigènes.

VERS UNE MODE PLUS DOUCE AVEC LE *SLOWEAR*

Saisonnalité, tendances, collections croisière, pré-collections... l'industrie ne sait plus quoi inventer pour nous faire consommer toujours plus. En rupture avec ce fonctionnement, le terme de *Slowear* donne la primauté aux vêtements faits pour durer, aux marques éthiques, aux produits bio (comme pour la *slow food* dans notre alimentation) et aux matières qui polluent moins. C'est dans les années 1990 qu'a été créé, en Allemagne et en Autriche, l'*Oeko-Tex 100*, le premier et l'un des principaux labels interdisant l'utilisation de produits toxiques pour le corps et pour l'environnement (voir le tableau des labels p. 257). Depuis 2007, un autre pas a été franchi avec la réglementation européenne Reach (enregistrement, évaluation, autorisation et restriction des produits chimiques) dont le but est d'améliorer la protection de la santé humaine et de l'environnement, tout en maintenant la compétitivité et en renforçant l'esprit d'innovation de l'industrie chimique européenne. Un levier de plus pour obliger l'industrie textile à être plus propre.

Mais la vraie nouveauté vient peut-être du côté des consommateurs : les vêtements à durée de vie réduite sont de plus en plus boudés afin de limiter les sources de pollution, mais aussi par souci d'économie. Le

Slowear, c'est acheter moins et mieux et regarder l'étiquette. Chez les professionnels qui le pratiquent, on parle d'*éco-conception*, c'est-à-dire une démarche globale qui consiste à intégrer l'environnement dès la conception d'un article, depuis la production de la matière première jusqu'à sa fin de vie.

Privilégier les marques écolos

Un peu à la traîne par rapport à ses voisins européens, la France rattrape depuis une dizaine d'années son retard, et de nombreuses marques ont fait leur apparition sur le créneau de l'éthique. Elles s'appellent **Éthos, Ekyog, L'Herbe Rouge, Kami, Ambrym, Sweet Blossom**… « Si beaucoup considèrent l'écologie comme une contrainte, chez Ekyog, c'est plutôt un moteur, explique Nathalie Lebas-Vautier, directrice générale de la marque. Nous voulons sortir des sentiers battus et réinventer la mode. » Elles mettent surtout l'accent sur la recherche de nouvelles matières et travaillent, à côté du coton bio, comme Ekyog, la laine recyclée, le mélange yack et laine angora, la soie bio ou encore le cupro (chutes de coton bio). La teinture est également étudiée pour avoir le plus faible impact possible sur l'environnement. La plupart s'inscrivent également dans une démarche d'éco-conception. L'Herbe Rouge, elle, a confié sa logistique à Ateliers sans frontières, qui œuvre pour la réinsertion par le travail.

La basket : nouvelle chaussure militante ?

Depuis le lancement de Veja en 2005 (baskets en coton bio ou cuir tanné végétal et semelle en caoutchouc naturel du Brésil), la basket est en train de faire sa révolution. Chaussure de l'urbain par excellence, on trouve aujourd'hui plusieurs marques qui la déclinent dans des matériaux écolos : FYE (For Your Earth), Faguo. Quant à la marque néerlandaise OAT Shoes, elle a carrément inventé le premier modèle de *sneaker* 100 % biodégradable. Une fois hors d'usage, ne les jetez plus : plantez-les ! Dans la languette de la basket se trouve une petite graine qui ne demande qu'à être humidifiée pour pousser.

Les matières naturelles

Directement au contact de la peau, les matières sont l'élément à prendre en compte en tout premier lieu. Nul besoin de préciser que plus elles sont naturelles, mieux c'est. Pensez à toucher le tissu avant d'acheter un vêtement !

- **Le lin** : c'est le plus vieux textile du monde. Aujourd'hui, 50 % du lin mondial est produit en France (essentiellement en Haute-Normandie et Seine-Maritime). Fibre écolo, sa culture nécessite peu de pesticides et d'engrais et elle régénère naturellement les sols. Pour autant, l'essentiel (80 %) est ensuite exporté vers la Chine pour les opérations de filature, tissage et confection. De fait, la production chinoise à bas prix a fait mettre la clé sous la porte à nombreuses filatures françaises.

- **Le chanvre** : c'est la fibre écolo de référence pour sa résistance. Sa culture est écologique et ne nécessite aucun addictif naturel ou chimique pour aider à sa croissance.

- **Le coton** : bien qu'étant une matière naturelle, le coton est aussi la culture la plus polluante (1 kg de coton nécessite 15 000 litres d'eau et l'emploi massif de pesticides). Il faut donc l'acheter bio quand il ne s'inscrit pas en plus dans une démarche de commerce équitable (Max Havelaar).

- **La laine** : tondue directement sur l'animal, la laine de mouton, chèvre, alpaga... est, comme nos cheveux, composée de kératine. Isolante, biodégradable, l'idéal est de choisir un produit en laine vierge non traitée, car des nombreux moutons sont pulvérisés avec des insecticides !

- **La soie** : matière noble et résistante, la soie est produite par le ver Bombyx Mori. Attention toutefois, ce matériau exotique d'origine naturelle peut, comme le coton, provenir d'exploitations plus ou moins respectueuses de l'environnement, en fonction des modes de production et des éco-labels.

- **Le bambou** : une matière sujette à polémique. En effet, si le bambou se déclare 100 % naturel, en revanche la viscose de bambou utilisée pour les vêtements nécessite des procédés de transformation qui sont loin d'être aussi verts qu'il y parait.

Pour autant, la fibre est ultra douce, absorbante, antitranspirante et la culture du bambou est très économe en eau.

Et si on tricotait ses vêtements ?

Le tricot n'est plus considéré comme un loisir de grands-mères depuis longtemps. Mais la nouvelle tendance en la matière, c'est de tricoter écolo, avec des laines et des fibres naturelles 100 % bio. Avec cette laine, la peau est donc protégée et n'entre pas en contact avec des molécules pouvant être allergènes voire cancérigènes.

Si la laine bio est encore peu répandue en France, car les certifications sont très coûteuses, choisissez une laine certifiée Oeko-Tex. On en trouve sur le Net :

- Bellelaine : http://bellelaine.yotabe.fr
- Bio Tissus : www.biotissus.com
- Laine & Tricot by Gwenola K. : www.laine-et-tricot.com

Les nouvelles matières

Le grand enjeu des nouvelles fibres sera écologique. Avec la hausse des prix de certaines matières premières comme le coton (dues aux inondations au Pakistan et en Chine en 2011, deux gros producteurs de coton) ou encore la raréfaction du pétrole qui entraîne une hausse des prix des produits issus de la pétrochimie, le poste de R&D (recherches et développement) des marques s'avère stratégique pour l'avenir ; même si beaucoup de fibres synthétiques (Nylon, acrylique, polyester, polyamide...) sont encore issues du pétrole. En attendant la domestication de la photosynthèse et l'avènement complet de l'organochimie (action de rendre tous les plastiques biodégradables), de nouvelles matières offrent déjà une alternative.

- **Le polaire** : appelé aussi fibre polaire, c'est un textile synthétique isolant constitué de polyéthylène téréphtalate (PET) et d'autres fibres synthétiques. Matière légère, qui sèche rapidement, le polaire est écologique lorsqu'il est fabriqué à partir de bouteilles en plastique recyclées (environ 27 bouteilles pour fabriquer un pull) et certifié par un label comme Polartec® PCR (Post consumer recycled). Sinon, il est fabriqué à partir de dérivés du pétrole. Petit bémol, la fibre, recyclée ou non, est hautement inflammable, contrairement à la laine.

- **Lyocell, Modal, Lenpur...** : des noms exotiques pour des tissus issus de la pulpe d'arbres provenant de forêts labellisées FSC. Ainsi, le Lyocell (ou Tencel®) est extrait de la pulpe de bois d'eucalyptus, le Modal provient de la cellulose de bois (principalement du hêtre dont le bois est très dense) et le Lenpur est fabriqué à base de pins blancs du Canada cultivés en Chine et au Canada. Tous sont très doux sur la peau, résistants et biodégradables. Ils sont souvent utilisés pour des vêtements de détente (tee-shirts, lingerie de nuit).

- **Le Seacell** : quand des algues brunes ou rouges en provenance d'Islande viennent enrichir une autre fibre à base de pâte de bois (le Lyocell), cela donne le Seacell. Une matière qui a aussi des vertus de bien-être sur la peau (hydratation, anti-irritation).

Mais les fibres naturelles ne sont pas toujours écologiques et certaines fibres synthétiques ont parfois moins d'impact sur l'environnement que certaines autres naturelles. Les fibres naturelles sont souvent cultivées à grand renfort de produits chimiques dans la phase de production (herbicides, pesticides et engrais). Elles sont traitées (souplesse, teinture, etc.) et requièrent également des intrants chimiques. Leur production réclame une forte consommation d'eau et d'énergie dans les phases de production et de traitement. Les fibres synthétiques, elles, sont obtenues par réactions chimiques à partir de pétrole, de houille ou d'autres substances. Quant aux fibres artificielles (rayonne, fibranne, viscose, etc.), elles ont l'avantage non négligeable d'être fabriquées à base d'une matière première renouvelable : la cellulose. Par contre, leur fabrication requiert de nombreux traitements chimiques. Bref, tout n'est pas tout noir ou tout blanc, mais véritablement nuancé. Les labels vous guideront également dans vos choix.

Les labels à suivre

Il existe tellement de labels dans le domaine du textile qu'il est parfois compliqué de se retrouver. Voici ceux qui sont le plus couramment rencontrés sur le marché.

- **L'Éco-label** européen concerne les textiles naturels en coton, laine, soie et chanvre, mais aussi les textiles artificiels (la viscose) ou synthétiques. Il garantit le processus de transformation et les tests de résidus. Aucune garantie biologique.
- **GOTS** (Global Organic Textile Standard) est reconnu comme le label international de référence pour les produits textiles. Il certifie l'origine biologique des textiles de coton, laine, soie et chanvre.
- **Oeko-Tex** est un système de contrôle qui certifie que le textile a subi des tests de détection de substances nocives et qu'il n'est donc pas dangereux pour la santé. Il existe quatre catégories de produits correspondant aux différents degrés de contact avec la peau (classe 1 pour les bébés, classe 2 pour les sous-vêtements, classe 3 pour les textiles, le dernier concerne le textile d'ameublement). Il ne garantit pas l'origine biologique.
- **Bio Équitable** travaille avec des producteurs des pays émergents ou en voie de développement. Il garantit sur toute la filière de production et de transformation une certification biologique, le choix d'une agriculture durable (préservation des écosystèmes naturels) et des conditions sociales et commerciales équitables.

Privilégier les vêtements de seconde main

Tous les vêtements qu'on ne porte plus ne sont pas toujours usés jusqu'à la dernière fibre. Croissance des enfants, manque de place, effet de mode, etc. Autant de raisons qui peuvent pousser l'usager à se séparer de ses habits alors même qu'ils sont encore en bon état. On ne le dira jamais assez : réutilisons ! La mode est à la fripe, au vintage ou encore au vide-dressing ! Objectif : pallier les 85 % de vêtements qui finissent à la poubelle. Chaque Français jette en moyenne 12 kg de vêtements, chaussures et linge de maison par an (source : Ademe). Dans tous les cas, ne jetez pas, mais triez et donnez à des établissements qui recyclent, comme **Emmaüs** ou **Le Relais** (membre d'Emmaüs France).

Les friperies classiques

Elles sont à la mode et il s'en ouvre chaque semaine de nouvelles dans toutes les villes de France. Pionner sur ce marché, Bernard Graf, patron d'Eureka Fripes, est à la tête d'un empire de la fripe, une ressource inépuisable grâce à plusieurs enseignes bien connues des urbains. Kiliwatch, Hippy Market, qui fleurit dans toute la France, ou encore Kilo Shop, c'est lui ! Découvrez également FripesKetchup à Lyon et Paris, Free'P'Star à Paris,

Inside Out à Lille ou encore Humana et Solution à Marseille. À chaque ville ses trouvailles !

Du troc pour les petits

Et si on appliquait le système seconde main pour les enfants ? Sur Internet de nouveaux sites proposent de renouveler le placard des enfants (0-12 ans) en échangeant de manière équitable leurs vêtements trop petits contre d'autres vêtements d'occasion de même qualité. On prend en photo, on envoie grâce à une pochette prépayée, on gagne des points et on choisit ensuite un nouveau vêtement ! Voici les plus connus :

- www.too-short.com
- www.larmoiredespetits.com
- www.kiditroc.com

Le commerce solidaire

Système très développé aux États-Unis et en Angleterre, le commerce solidaire commence à se faire connaître en France. Le principe est simple : les vêtements usagés en bon état sont collectés par des organismes tels qu'Emmaüs, le Secours Catholique, le Secours Populaire ou la Croix-Rouge ; ils sont ensuite envoyés dans des centres de tri spécialisés et des boutiques de vêtements de seconde main, qui permettent de réinsérer des personnes en difficulté en leur donnant du travail. Les vêtements triés, reprisés et nettoyés arrivent en rayon pour notre plus grand bonheur et ce sont pour la plupart des produits de marques. À découvrir à Paris : Le labo de l'Abbé, Bis Boutique Solidaire.

Le vide-dressing et le dépôt-vente

Véritable rassemblement festif, souvent sur un week-end, le vide-dressing permet de s'offrir de nouvelles tenues à petits prix. À Paris, le plus connu est celui de Violette Sauvage. L'association a aussi ouvert une boutique à Paris pour faire des affaires toute l'année. Enfin, repérez les dépôts-ventes de quartier où de nombreuses clientes, qui renouvellent souvent leur dressing, viennent vider leurs placards.

La Vide-Dressing Week avec la Croix-Rouge
Tous les ans en mars, la Fédération nationale de l'habillement réitère sa grande opération de collecte de vêtements. Place à la Vide-Dressing Week, qui se déroule dans toute la France au profit de la Croix-Rouge française. Le concept est simple : débarrassez-vous de vos vêtements oubliés et déposez-les dans l'une des nombreuses boutiques chargées de récupérer vos donations. Cette opération avait permis de récolter près de 82 tonnes de vêtements l'an dernier !

Quand les détritus deviennent accessoires

Chambres à air, pneus, ceintures de sécurité, bâches publicitaires, toile de sacs de parachute, capsules de cannettes en métal... Aujourd'hui, de nombreuses marques ont mis le recyclage au cœur de leur processus de création. Jetez un œil aux marques Freitag, Marron Rouge, Taloma, Bilum ou Seal qui proposent des sacs, de la petite maroquinerie, des chaussures 100 % recyclage. La fabrication de ces articles est souvent réalisée en partenariat avec des ONG locales, comme en Inde. Sur le Net, visitez vakili.fr.

Les initiatives des grandes enseignes

H&M, C&A, Monoprix, depuis quelques années plusieurs géants de la mode ont décidé de miser sur le *green*. Effet de mode, ingrédient marketing, achat d'une conscience écolo ? Les puristes du *Slowear* parlent de «*greenwashing*», c'est-à-dire de se convertir au vert dans le seul but de faire de la pub et de la communication. Mais toutes les initiatives ne doivent-elles pas être encouragées, quelles que soient leurs motivations ? On trouve chez ces grandes enseignes de bons basics en coton biologique, comme des tee-shirts et des dessous à des prix très raisonnables. H&M va même plus loin avec sa ligne H&M Conscious. Matières plus responsables (coton bio, polyester et polyamide recyclés, lin bio, Tencel®), qualité et sécurité des produits, l'idée est de prouver qu'une mode plus éco-responsable n'entraîne pas de compromis sur les prix ou le design. Et si le bio devenait un jour la norme ?

Les concept-stores éthiques

Dans notre paysage urbain, de nouveaux acteurs se revendiquant du *Slowear* ont fait leur apparition. Moins médiatisées que les enseignes de la *fast fashion*, ces nouvelles adresses font néanmoins parler d'elles. C'est là que vous, consommateur, avez votre carte à jouer : plus la demande sera grande, plus il y aura d'initiatives de ce type.

Précurseur, Paris accueille des concept-stores qui marient mode/beauté et design écolo. Comme **Altermundi** (quatre boutiques à Paris et une à Lille) qui revendique une démarche de commerce responsable. Commerce équitable, artisanat français, coton biologique, matériaux recyclés, produit partage, matériaux naturels ou renouvelables, le point fort des magasins est d'informer sur les conditions de fabrication et les caractéristiques de chaque article. À Paris, vous trouverez aussi **Green in the city**, dont Marion Cotillard serait une habituée, ou **Centre Commercial** (clin d'œil à notre société de consommation), imaginé par les fondateurs de la marque de baskets écolos Veja. « L'idée était de réunir ici toutes nos influences et de présenter des projets qui vont dans le bon sens», explique Sébastien Kopp, cofondateur de Veja. En province, place aussi à de belles initiatives comme **Kulteco** à Lyon dont le lieu (association et boutique) se revendique comme un créateur d'événements culturels pour la promotion d'une mode éthique qui respecte l'homme et l'environnement. Ainsi, on peut venir y faire ses achats, mais aussi s'inscrire à des ateliers écologiques et créatifs. Tandis qu'une fois par an, un défilé célèbre la mode éthique. Qui a dit que mode écolo ne rimait pas avec festif?

Louer ses vêtements?

Aux Pays-Bas, la marque de denim éco-responsable **Mud Jeans** a récemment lancé le jean en leasing. Le principe? Avec une mise de départ de 20 euros puis un loyer mensuel de 5 euros sur douze mois, vous voilà propriétaire - ou plus exactement locataire - de votre jean biologique pour un an. À l'issue des douze mois, vous pouvez prolonger le bail... ou renvoyer votre jeans pour qu'il soit recyclé. Une initiative amusante qui n'est pas passée inaperçue et qui a le mérite de poser la question du rapport que l'on entretient avec son environnement en général et son jean en particulier. De ce point de vue, on peut d'ores et déjà reconnaître que Mud Jeans a réussi une belle opération marketing pour faire connaître ses valeurs et ses produits. Quant à la location du jean sur l'année, elle revient à 80 euros contre 99,95 euros pour un produit acheté.

Une robe du soir en location
Mariage, soirée ou rendez-vous important? N'achetez pas, mais louez ! Le site mabonneamie.com propose un vestiaire en ligne où robes et bijoux de créateurs sont en location. Le prix, avantageux, comprend aussi le pressing. Les Parisiennes peuvent aussi passer au showroom pour un essayage rapide !

Et si on consommait local ?

Le phénomène «acheter *made in France*» traduit l'importance accordée à l'origine nationale ou régionale des produits dans un contexte de mondialisation, en même temps qu'il met en exergue les préoccupations environnementales et éthiques des Français: consommer des produits fabriqués sur le territoire, c'est contribuer à soutenir l'emploi. Ainsi 64% des Français se déclarent prêts à payer plus cher des produits industriels fabriqués en France plutôt que hors d'Europe (source: Enquête «Consommation et modes de vie», Credoc, mai 2011). Reste à passer à l'acte et à découvrir des marques de qualité qui ne manquent pas d'humour comme Commune de Paris 1871, Bleu de Paname, Bérangère Claire, Le Slip Français... Sur le Net, des offres globales dédiées au *made in France* fleurissent : soparisienne.com ou mercicheri.com.

LE LUXE EST-IL PLUS RESPONSABLE EN MATIÈRE DE MODE ?

Le prix d'un article de mode peut-il être la garantie d'un produit plus sûr ? On pourrait penser à juste titre que la *fast fashion* a le monopole de la pollution. Mais le luxe ne garantit pas une mode plus durable. Fournisseurs, ennoblissements, les grands noms ne sont pas au-dessus de tout soupçon.

Ainsi, après une première bataille pour encourager les marques de prêt-à-porter comme Zara ou H&M à produire plus propre, Greenpeace vient d'épingler quinze marques de haute couture. Le questionnaire de 25 questions envoyé à celles-ci avait pour but d'évaluer leur taux d'éco-responsabilité en se concentrant sur trois thèmes : l'achat de cuir (celui-ci est-il issu des élevages intensifs responsables de la déforestation en Amazonie ?) et de pâte à papier (d'où proviennent leurs emballages ? Sont-ils fabriqués par des multinationales qui détruisent les forêts tropicales d'Indonésie ?) ainsi que la production de textile (des substances toxiques pouvant affecter les ressources mondiales en eau sont-elles utilisées dans les procédés de production et de transformation des tissus ?).

Valentino est le seul à remporter une pastille verte. On ne peut pas en dire autant de Chanel, Dolce & Gabbana, Hermès et Prada, qui ont récolté un « zéro de conduite », car ils n'ont jamais répondu au questionnaire et ont refusé d'engager un dialogue malgré les nombreuses requêtes de Greenpeace. De leurs côtés, Dior, Armani, Louis Vuitton ont déclaré avoir des politiques d'approvisionnement « zéro déforestation » en papier et en cuir, un premier pas vers une mode sans substances toxiques.

Si le luxe a plus tardé que les autres à se mobiliser sur le sujet du développement durable, il semble que les choses soient en train de changer. À l'image du **groupe Kering** (ex-PPR, qui regroupe Gucci, Yves Saint-Laurent, Balenciaga...) qui entend désormais insuffler un état d'esprit plus responsable. Depuis mars 2011, ce dernier s'est lancé dans un programme de développement durable ambitieux baptisé « PPR Home ». Parmi les objectifs annoncés : favoriser la créativité, l'innovation et le développement durable dans tous les secteurs d'activité du groupe (un premier partenariat avec Cradle-to-Cradle®, marque de certification C2C, qui se veut la fille spirituelle de William McDonough, coauteur en 2002 de l'ouvrage *Cradle to Cradle*, doit remettre en cause les approches conventionnelles des produits et des activités) ou encore compenser chaque année les d'émissions de CO_2 correspondant aux émissions résiduelles du pôle Luxe, de la marque Puma et du siège du groupe. De quoi faire de « PPR Home » un précurseur dans la sensibilisation à ce changement de paradigme d'entreprise et encourager les autres acteurs du secteur à se joindre à ses efforts.

Sur ce terrain, la griffe **Stella McCartney** (groupe Kering) jouit d'un positionnement unique de plus en plus reconnu : celui d'une marque haut de gamme, fidèle à l'esprit d'une mode fonctionnelle et respectueuse de l'environnement. Créatrice militante et végétarienne, la fille de Paul McCartney a mis les valeurs éthiques au cœur de l'identité de sa marque. Celles-ci s'expriment à travers l'ensemble des produits, depuis les matières bio (coton, laine) jusqu'aux chaussures et accessoires qui bannissent le cuir et la fourrure. Et cela plaît puisque la griffe a vu ses ventes bondir de 30 % en 2012.

Tous ces arguments sont bien jolis. Mais il ne faut pas se leurrer, la mode éthique est, elle aussi, une industrie commerciale dont la priorité reste la rentabilité. Cependant, si celle-ci est tendance, elle ne se démodera pas de sitôt : la *Slow Fashion*, c'est inventer le futur. Un nouvel avenir est peut-être en phase d'être dessiné, où le développement durable serait porté par la créativité et l'innovation et vice-versa ; et cela afin de créer des entreprises et activités qui génèrent des bénéfices financiers, sociaux et environnementaux sur le long terme. *Just dress it !*

COMMENT ENTRETENIR SON DRESSING ?

La boucle ne serait pas bouclée sans parler de l'entretien de nos vêtements. En moyenne, chaque adulte français fait trois lessives par semaine. Or, il n'existe à ce jour aucune lessive propre. L'écotoxicité de l'eau de lavage, celle qui part dans les égouts, est avérée pour toutes les lessives, qu'elles soient en poudre, en tablette ou liquides. Même utilisées en respectant les consignes des fabricants, les lessives nuisent toutes à la vie aquatique, celle des micro-crustacés, et favorisent la prolifération d'algues. De fait, la plupart des lessives sont élaborées à partir de dérivés du pétrole et contiennent de 15 à 25 molécules actives : tensio-actifs antisalissures, enzymes antitaches...

Même les **lessives dites « vertes »** polluent. Les labels européens comme L'Arbre Vert, Écover, dont la lessive ne contient que des molécules végétales, ou Maison Verte sont un peu moins toxiques ; ils ont en outre l'avantage de prendre aussi en compte l'ensemble du cycle de vie du produit, de la fabrication au recyclage, avec des éco-recharges et donc une moindre production de déchets.

La solution la plus verte ? Les **noix de lavage indiennes**, seuls produits « éco-neutres ». Mais leur capacité nettoyante n'est pas aussi optimale qu'une lessive. Sinon, optez pour une lessive au **savon de Marseille** (100 % naturel, biodégradable et économique) faite maison.

Dernière touche, dispensez-vous également des **assouplissants**. Issus de la pétrochimie, ils sont agressifs pour l'environnement, car ils contiennent notamment des ammoniums quaternaires (composés chimiques au fort pouvoir détergent) dont les résidus entraînent une pollution de l'eau. De plus, ces composés pétrochimiques ont des effets irritants, voire allergisants (rhinite, gêne respiratoire), sur certaines personnes et notamment les jeunes enfants, dont la peau est plus sensible. Quant à la déposition de parfum, elle est bien supérieure à partir d'un assouplissant que d'une lessive. Du coup, il vaut mieux éviter l'usage de ce dernier pour les vêtements d'un bébé. Plus écolo et économique, utilisez à la place deux bouchons de vinaigre blanc. Une recette de grand-mère qui assouplit le linge et préserve les couleurs !

Une lessive écolo maison

Pour 3 litres de lessive : râper 35 g à 40 g de savon de Marseille. La dose de savon dépendra de la consistance désirée pour la lessive (fluide ou épaisse). Faire des copeaux assez fins, pour que le savon se dilue facilement. Jeter les copeaux en pluie dans un seau rempli d'un litre d'eau très chaude avec 3 cuillerées à soupe de bicarbonate de soude. Mélanger puis laisser de côté une heure. Allonger avec un litre d'eau tiède et mettre en bidon (3 litres) à l'aide d'un entonnoir. Filtrer s'il reste quelques morceaux de savon. Parfumer avec une dizaine de gouttes d'huile essentielle de citron. Le lendemain, allonger à nouveau la lessive – qui aura bien épaissi – avec un litre d'eau froide. Bien secouer le bidon pour tout mélanger. Utiliser 1 à 2 dl de lessive par machine en fonction de la saleté du linge.

Pour les vêtements plus fragiles, le **pressing** n'est pas non plus l'endroit le plus écolo de la terre. En effet, la plupart (environ 90 % des 4000 teintureries françaises !) utilise encore pour le nettoyage à sec le perchloréthylène (solvant dont l'action dégraisse les tissus), un produit fortement cancérigène. À la place, les pressings nouvelle génération se présentent comme une solution plus durable, qui utilise moins de produits toxiques et gaspille moins d'eau. Venue des États-Unis, place à la technologie écolo « GreenEarth ». Adoptée par la société **Sequoia** (20 pressings à travers l'Hexagone), qui en détient la licence d'exploitation pour la France, elle consiste à utiliser le décaméthylcyclopentasiloxane (D5). Ce dernier est un liquide huileux, inodore et incolore, qui est aussi employé pour la manufacture de divers produits cosmétiques et pharmaceutiques. Quant au prix, il reste identique à celui d'un pressing conventionnel.

À Paris, découvrez aussi **H2O Pressing**, un établissement entièrement éco-conçu qui utilise la méthode de l'aquanettoyage, pour des textiles nettoyés tout en douceur avec des produits dégraissants 100 % naturels. Même si cette méthode utilise beaucoup d'eau, il convient de souligner que la démarche écologique s'étend aux cintres en carton recyclable et aux emballages des vêtements en amidon de maïs et papier kraft... Des valeurs partagées par **Kennedy Pressing Écologique**, qui s'engage à ce que vos habits, nettoyés grâce au D5, ne passent ni par presse ni par robot, mais entre les mains des salariés qui utilisent des produits 100 % biodégradables.

De son côté, Electrolux propose une solution alternative sans solvants appelée « Lagoon® », qui utilise uniquement de l'eau associée à une quantité mesurée de lessive biodégradable. Lagoon est déjà installée dans plus de 150 pressings en France (le label est apposé sur les vitrines des établissements utilisant ce matériel).

Concept-stores éthiques :

Altermundi (www.altermundi.com),
boutiques à Paris et Lille.
Green in the city (greeninthecity.fr),
7, rue Malher, 75004 Paris.
Centre Commercial (centrecommercial.cc),
2, rue de Marseille, 75010 Paris.
Kulteco (kulteco.net),
13, rue du Griffon, 69001 Lyon.

Les friperies classiques :

Kiliwatch (espacekiliwatch.fr),
64, rue Tiquetonne, 75002 Paris.
Hippy Market (www.hippy-market.fr),
une dizaine de boutiques dans toute la France.
Kilo Shop (kilo-shop.fr),
plusieurs boutiques à Paris, Lille, Aix-en-Provence.

Le commerce solidaire :

Le labo de l'Abbé,
25/27, rue Oberkampf, 75011 Paris.

Bis Boutique Solidaire (bisboutiquesolidaire.fr),
7, boulevard du Temple, 75003 Paris.

Vide-dressing :

www.violettesauvage.net
et la boutique Violette Sauvage,
5, rue d'Aboukir, 75002 Paris.

Pressing écolo :

H2O Pressing Paris,
deux adresses dans Paris : www.h2opressing.com
Kennedy Pressing Écologique,
94, rue Raynouard, 75116 Paris.

À voir :

le site de Greenpeace qui détaille les mauvaises conduites des marques de luxe : http://fr.thefashionduel.com

Conclusion

Une transition écologique globale

Vous avez certainement déjà calculé le nombre de planètes Terre nécessaires à la satisfaction de vos besoins, c'est-à-dire votre empreinte écologique. Mais avez-vous déjà entendu parler de l'empreinte esclavagiste ? Le site Slaveryfootprint.org vous propose de calculer le nombre de personnes sous-payées, voire contraintes, qui travaillent pour satisfaire le mode de vie des habitants des pays riches. Selon ce site, à l'échelle du monde, 27 millions de personnes travailleraient dans des conditions s'apparentant à l'esclavage. L'empreinte esclavagiste nous fait donc prendre conscience que chacun de nos gestes peut avoir une influence non seulement sur l'environnement, mais également sur le quotidien des personnes vivant parfois à 10 000 km de chez nous... Le concept a été lancé par l'association américaine Call and

Response et le bureau de lutte contre le trafic d'êtres humains du département d'État américain.

Les militants ont enquêté sur les pratiques esclavagistes mises en œuvre pour la fabrication de plus de 400 produits de la vie courante et calculé pour chacun de ces produits le nombre de travailleurs trimant pour fabriquer vos smartphones, blue-jeans, pulls, télés, bijoux, etc.

Afin de connaître votre empreinte esclavagiste, le site vous propose de répondre à quelques questions : où résidez-vous ? combien d'enfants avez-vous ? quels moyens de transport utilisez-vous ? combien d'ordinateurs possédez-vous ? avez-vous déjà payé une prostituée pour faire l'amour ? etc. À chaque étape, vous pouvez être encore plus précis dans votre calcul en indiquant par exemple le nombre d'amandes que vous mangez par semaine ou le nombre de jeux vidéo que vous avez acheté. Le test est parsemé d'encadrés informatifs sur l'esclavage moderne. Vous apprendrez par exemple que 1,4 million d'enfants ouzbeks travaillent de force dans des champs de coton – un chiffre supérieur au nombre d'enfants scolarisés dans les écoles publiques de la ville de New York.

Une fois le questionnaire rempli, vous découvrirez votre (odieux) score et pourrez visualiser sur un planisphère les endroits du monde où vous épuisez à la tâche le plus de personnes. Les *petits* ajustements que nous vous proposons de réaliser dans votre vie quotidienne vous aideront non seulement à sauvegarder les richesses de la planète, mais également à être plus attentifs à vos prochains. Moins énergivore, moins polluante et plus solidaire, la transition écologique que nous pouvons mener tous ensemble tend aussi vers davantage de bonheur : celui de profiter de la chance que nous avons de mener un bout d'existence sur notre Terre.

BIBLIOGRAPHIE

Introduction

Hervé Kempf, *Fin de la croissance, naissance du monde*, Seuil, 2013.
Élisabeth Pélegrin-Genel, *Des souris dans un labyrinthe*, La Découverte, 2010.
Jean Cornil et Bernard Legros, *La Pertinence de l'escargot*, Éditions Sang de la Terre, 2013.

Se nourrir

Lionel Astruc et Cécile Cros, *Manger local*, Actes Sud, 2011.
Jonathan Safran Foer, *Faut-il manger les animaux ?*, Éditions de l'Olivier, 2009.
Marion Guillou et Gérard Matheron, *9 milliards d'hommes à nourrir*, François Bourin Éditeur, 2011.
Bruno Parmentier, *Nourrir l'humanité*, La Découverte, 2007.
Marie-Monique Robin, *Le Monde selon Monsanto*, La Découverte, 2008.
Marie-Monique Robin, *Notre Poison quotidien*, La Découverte, 2011.
Marie-Monique Robin, *Les Moissons du futur*, La Découverte, 2012.
Pierre Rabhi, *Vers la sobriété heureuse*, Actes Sud, 2010.

Se déplacer

Stéphen Kerchkove, *Désobéir à la voiture*, Éditions Le Passager Clandestin, 2012.

Élisabeth Pélegrin-Genel, *Une autre ville sinon rien*, La Découverte, 2012.

Élisabeth Pélegrin-Genel, *Des souris dans un labyrinthe*, La Découverte, 2010.

Habiter

Debra Lynn Dadd, *Alerte aux produits toxiques. Manuel de survie en milieu nocif*, Actes Sud, 2012.

Régis Guignard, *Archi paysagiste*, Éditions PC, 2012.

Bertrand Barré, Sophia Majnoni d'Intignano et Claude Stéphan, *Faut-il renoncer au nucléaire ?*, Le Muscadier, février 2013.

Alain Liébard et André de Herde, *Traité d'architecture et d'urbanisme bioclimatiques*, Éditions Le Moniteur, 2006.

Travailler

Natureparif (Agence régionale pour la nature et la biodiversité en Île-de-France), *Entreprises, relevez le défi de la biodiversité*, Victoires Éditions, 2011.

Roseline Goiran et Dominique Perez, *Les Métiers de l'environnement et du développement durable*, Éditions L'Étudiant, 2012.

Emmanuelle Ousset, *Toutes les clés pour être écolo au bureau*, ESF Éditeur, 2012.

Se distraire

Parc national des Écrins, *À la rencontre des animaux de montagne*, Éditions Glénat, 2012.
Kai A. Quante, *L'Aquarium écologique*, Éditions Delachaux et Niestlé, février 2013.
Georges Feterman, *Balades nature à deux pas de Paris*, Dakota Éditions, 2012.
Jean-Michel Lucas, *Culture et développement durable*, Irma, 2012.
Lars-Henrik Olsen, *Guide Delachaux des traces d'animaux*, Éditions Delachaux et Niestlé, janvier 2013.
Lisa Garnier et Nassera Zaïd, *Paris nature*, Lonely Planet, 2011.
Les Plus Beaux Oiseaux de nos régions (avec le soutien de la Ligue pour la protection des oiseaux), Éditions Atlas, 2011.
Éric Delcroix, Julie Denouël et Serge Proulx, *Les Réseaux sociaux sont-ils nos amis ?*, Le Muscadier, 2012.
Didier Lehénaff et Sandrine Legendre, *Un sport vert pour ma planète*, Éditions Chiron, 2012.
Nathalie Jouat Bonniot, *Wwoofing, le guide : pour des vacances solidaires, économiques et écologiques*, Éditions Democratic books, 2011.

Économiser/dépenser

Bernard Lietaer, *Au cœur de la monnaie : systèmes monétaires, inconscient collectif, archétypes et tabous*, Éditions Yves Michel, 2011.
Nathalie Calmé, *Économie fraternelle et finance éthique. L'expérience de la Nef*, Éditions Yves Michel, 2012.
Richard Templar, *Économiser sans se fouler*, Marabout, 2010.
Philippe Green, *Guide Écofrugal. Solutions économiques et écologiques*, Éditions Écofrugal Project, 2012.
Stefano Bartolini, *Manifeste pour le bonheur*, Éditions Les Liens qui libèrent, février 2013.

Se faire du bien

Pr Philippe Even et Pr Bernard Debré, *Guide des 4 000 médicaments utiles, inutiles ou dangereux*, Le Cherche-Midi, 2012.
Christian Portal, *Pour une médecine écologique*, Éditions Alphée-Jean-Paul Bertrand, 2009.
Patrick Lemoine, *La Détox, c'est la santé !*, Robert Laffont, 2008.
Rita Stiens, *La Vérité sur les cosmétiques*, Leduc. S Éditions, 2007.
Rachel Frély, *Pharmacie écologique et Pharmacie de voyage*, Chariot d'or, 2011.
Julien Kaibeck, *Adoptez la Slow Cosmétique*, Leduc. S Éditions, 2012.

Ronald Mary, *280 produits naturels pour se surpasser*, Presses du Châtelet, mars 2013.

S'habiller

Dominique Jacquemin, *Écologie, éthique et création. De la mode verte à l'éthique écologique*, Artel-Fides, 1994.
Sass Brown, *Eco Fashion*, Laurence King Publishing, 2010 (en anglais).
Kate Fletcher & Lynda Grose, *Fashion and Sustainability : Design for Change*, Laurence King Publishing, 2012 (en anglais).
Sandy Black, *The Sustainable Fashion Handbook*, Thames & Hudson, mars 2013 (en anglais).

REMERCIEMENTS

«Merci à Amélie Petit, à Estelle Cintas, à Thi-bao Hoang et à Pierre Rabhi.»

Guillaume Jan

«Merci à mes co-auteurs et à Guillaume pour sa confiance, aux marques, associations et organismes qui m'ont accordé du temps. A tous, bravo pour toutes ces belles initiatives qui contribuent à (r)éveiller le monde.»

Céline Vautard

«Je tiens à remercier tout particulièrement Etienne Hayem pour la passionnante conversation que nous avons eue sur les banques et les monnaies locales. Je remercie également les proches qui m'ont soutenue dans l'aventure, ainsi que mes co-auteurs pour la confiance qu'ils m'ont accordée.»

Eudoxie Jantet

Achevé d'imprimer sur rotative
par l'Imprimerie Darantiere à Dijon-Quetigny
en mai 2013

Dépôt légal : juin 2013
N° d'impression : 13-0492

Imprimé en France

ISBN : 978-2-84941-385-2
752 509.2